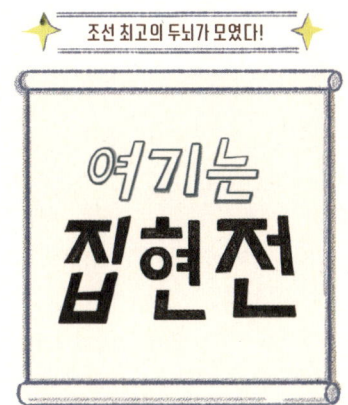

일러두기

◆ 이 책의 등장인물은 실제 인물임.
◆ 각 장의 주인공은 문제 해결에 참여하는 사람 중 한 명이지, 각 분야를 대표하는 인물은 아님.
◆ 조선 개국 후 50년도 안 된 상태라 과거 제도, 관리 제도, 신분 제도 등이 널리 알려진 것과 차이가 있을 수 있음.
◆ 각 장 맨 앞에 나오는 인물의 의상은 대체로 남아 있는 초상화를 바탕으로 그린 것으로, 당시 복식과 차이가 있을 수 있음.
◆ 한 사건이 몇십 년에 걸쳐 일어나기 때문에 시간이 뒤섞여 있을 수 있음.

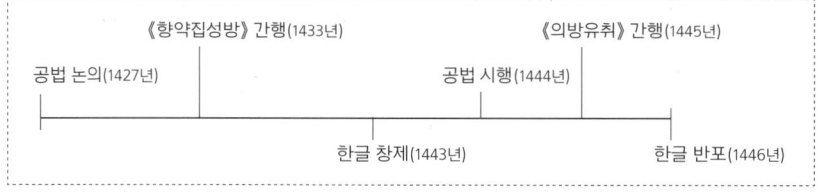

◆ 작가의 말

최고의 위인으로 꼽는 세종

조선 왕 27명 중, 아니 우리나라가 세워진 뒤 존재했던 모든 왕들 중 단연 인기 1위, 인지도 1위, 업적 1위의 왕을 꼽으라면 대부분 세종을 떠올립니다. 오죽하면 그냥 왕이 아니라 '대왕'이라 부르지요.

세종은 조선이 세워지고 몇십 년 되지 않아 등극하는 바람에 모든 것을 하나씩 새롭게 만들어 가야 했습니다. 그가 왕위에 있는 동안 마련한 모든 제도와 문화가 500여 년 동안 조선을 지탱하게 됩니다. 그뿐만 아니라 당시 북쪽 인근의 여진족이나 남쪽의 왜인들 중 조선민이 되고 싶어 하는 이들이 많았다는 사실이나, 고려 시대보다 경작지나 생산량, 인구수 등이 몇 배로 늘었다는 기록을 보면 괜히 대왕이라고 불리는 게 아니구나 싶습니다.

'대왕'으로 칭송받을 수밖에 없는 이유

저도 세종을 최고의 왕, 아니 최고의 위인으로 꼽는 이 중 하나입니다. 저는 뉴스에서 사건, 사고를 접할 때면 "옛날에도 그랬지" 하며 역사에 남아 있는 일들을 떠올리고는 합니다. 그러면서 늘 세종을 이야기하지요.

한창 코로나가 퍼지던 상황에서 문득 이런 내용을 조선 왕조 실록에서 발견했습니다. 전염병이 돌자마자 세종은 '무척' 놀라 지시를 내렸다는 내용이었습니다. 다른 왕들은 '무척' 놀라기는커녕 놀란 적도 거의 없습니다. 그냥 알아서 처리하도록 한 거죠. 하지만 세종은 집현전 학사들에게 대책을 연구하도록 했습니다.

큰 불이 나는 뉴스를 봐도 세종을 떠올립니다. "불 끄러 지붕에 올라가는 쇠줄을 세종이 발명하셨지" 하면서요. 그 옛날 노비들에게 출산 휴가가 있었다는데, 알아보면 바로 세종이 내놓은 정책입니다. 뭐 한글 하나만 해도 그 대단함을 말하기 입이 아플 정도입니다. 세상에서 유일하게 만든 시기와 만든 사람이 분명히 알려진 문자인 한글, 우리는 이 간단하고 정교한 글자 덕분에 편리함을 누리며 살아가지요.

세종의 문제 해결사, 집현전 학사들

아무리 대단해도 그 많은 일을 왕 혼자 하기는 힘듭니다. 의욕이 있어도 시간이 제한되어 있기 때문이지요. 그래서 세종은 당대 최고의 두뇌들을 활용했습니다. 각 분야의 실력 있는 이들을 집현전에 모아 놓고, 어떻게 하면 백성들을 잘살게 할지 고민하다가 아이디어가 떠오르면 그들에게 해결책을 생각해 보도록 했죠. 예를 들면 이렇게 말이에요.

"세금 내는 방식이 불공평한데 어떻게 바꾸면 좋을지 연구해 보게."

"농사지으려면 때를 잘 알아야 하는데 달력이 맞지 않군. 우리만의 달력을 만들어 보게."

세종이 내놓은 것들은 단순한 주문이 아니라 어마어마하게 복잡한 프로젝트가 대부분입니다. 그럼에도 집현전에 모인 학사들은 늘 해냈습니다.

워낙에 능력 있는 사람들로 뽑아 놓았기도 했지만 세종이 능력을 키울 기회를 많이 주고, 대우도 좋았기 때문입니다.

문제 해결 방법을 연구하도록 각 분야의 대단한 실력자들만 모아 놓은 집단을 오늘날에는 싱크 탱크(Think Tank)라고 부릅니다. 집현전은 세종의 싱크 탱크입니다. 세종의 뜻에 따라 집현전 학사들이 해낸 일들을 살펴보면 조선의 전성기가 어떻게 이루어졌고, 조선 500여 년의 기초가 어떻게 세워졌는지 알 수 있지요. 조선 전체를 알게 된다고 해도 과언이 아닙니다. 집현전의 이모저모를 읽으면 세종이 왜 그렇게 대단한지, 그의 오른팔인 집현전 학사들이 이루어 낸 조선은 어떤 나라인지도 알 수 있습니다.

나아가 여러분도 이 시대의 싱크 탱크가 되려면 어떤 분야의 최고 실력자가 되어, 어떻게 해야 할지 한 번쯤 생각해 봐도 좋겠습니다.

손주현

◆ 차 례

작가의 말 ••• 5
들어가며 ••• 10

1. 경연을 열어 문제를 토론하다: 세종 ••• 20
2. 특별 휴가, 사가독서로 기본기 쌓기에 힘쓰다: 하위지 ••• 34
3. 외교 문제를 해결하다: 신숙주 ••• 44
4. 한글 창제 프로젝트에 참여하다: 정인지 ••• 58
5. 토지 제도를 개혁하다: 이개 ••• 72
6. 조선의 역법을 개발하다: 김담 ••• 82
7. 전염병을 잡다: 유효통 ••• 96
8. 역사서를 편찬하다: 박팽년 ••• 108

나오며 ••• 120

들어가며

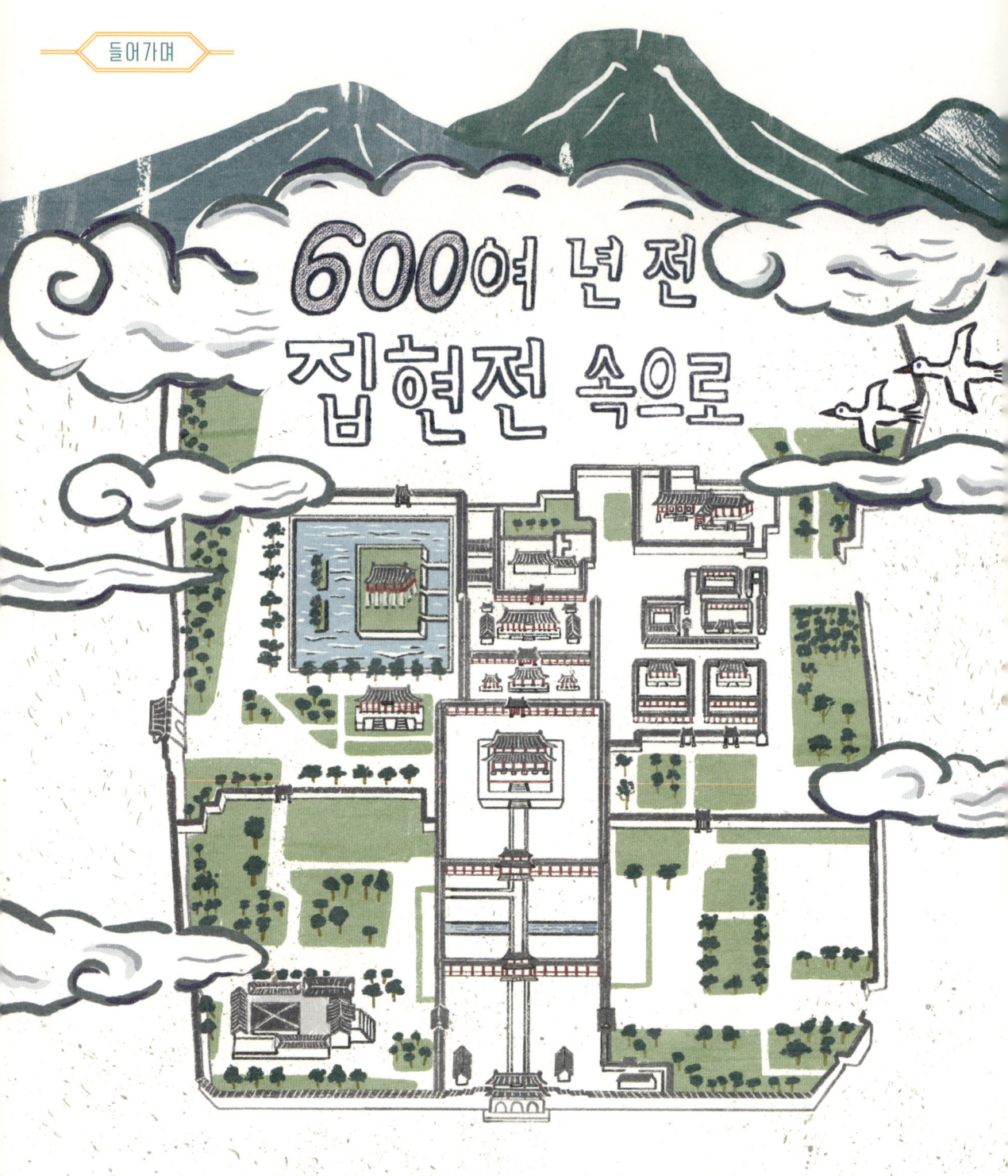

600여 년 전 집현전 속으로

 어디 보자, 여기가 궁궐이라고? 맞다, 경복궁이라고 했지. 오늘 우리는 경복궁의 특별 관람 손님으로 왔어. 고궁 답사랍시고 안내인을 따라 때 지어 몰려다니는 그런 관람은 아니야. 조선이란 나라가 세계적으로 드물게 500여 년이나 이어 왔는데 그 기틀이 조선 초, 이 궁궐 어느 건물에서 나왔다는 말이 있어서 그곳을 살피러 왔어. 그러니까 600여 년 전 궁궐을 지은 지 얼마 안 되던, 아직 따끈따끈하던 시절에 무슨 일이 있었나 관람하러 온 거야.

 정문인 광화문을 통과해 볼까? 널따랗고 반듯한 돌판 길을 따라 죽 들어가면 다시 문이 나와. 위쪽에 근정문이라고 써 있네? 이 문을 통과하면 한가운데에 누가 봐도 제일 중요해 보이는 건물이 있어. 바로 임금이 신하들과 아침마다 만나 나랏일을 의논하는 곳인 근정전이야.

이제 막 해가 떠오르는 것 같은데 근정전 안은 벌써 신하들로 북적이고 있어. 맨 안쪽 높은 곳에 임금이 앉아 있지.

"황희 정승, 말해 보시게."

"정인지, 그대 생각은 어떤고?"

이런 임금의 물음이 계속 들려. 신하 이름을 듣자니 저 임금은 바로 세종이 틀림없어. 대체로 임금은 간간이 말할 사람을 가리키기만 하고 계속 듣고 있어. 신하들이 끊임없이 이러쿵저러쿵 발표를 하고 있지.

휴, 지루한 조회가 겨우 끝났어. 임금이 옆문으로 먼저 나가고 신하들이 하나둘 밖으로 나왔어. 어디, 저 젊은 신하들을 따라가 볼까?

근정전 뒤는 사정전이래. 임금이 매일 앉아 업무를 보는 곳이지. 그 뒤에 임금이 주무시는 강녕전이 있고. 젊은 신하들은 사정전 서쪽으로 길게 이어진 복도를 앞서거니 뒷서거니 하면서 걸어갔어. 잠시도 쉬지 않고 토론하는 것 같아.

복도 끝에 사정전보다 조금 작은 건물이 나타났어. 현판에 '집현전'이라고 써 있어. 이 집현전은 나중에 홍문관이 되었다가 고종 때 수정전으로 바뀌지. 그래 바로 여기야. 여기서 대체 무슨 일이 벌어졌는지 보려고 왔다고.

집현전 건물 전체는 크지 않지만 칸칸이 여러 개로 나뉘어 있어. 그래서

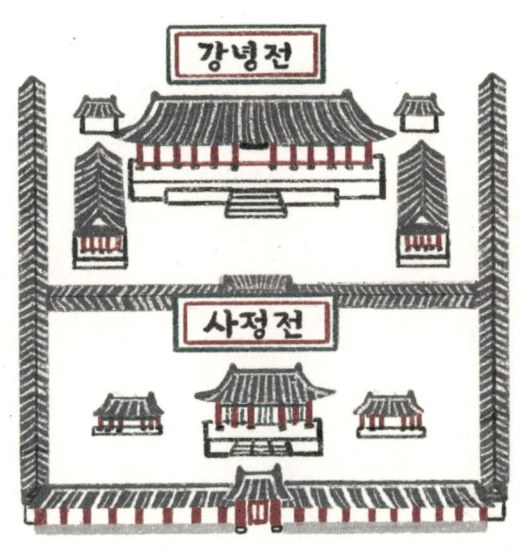

칸 수로는 경복궁에서 제일 많아. 몇 개의 칸이 모여 방이 되는데 각 방에는 비슷한 일을 하는 관리들이 모여 논의도 하고, 쉬는 곳도 있어. 물론 제일 중요한 장소는 책을 보관하는 곳이야. 아, 책을 보관하는 곳 옆방에서 두런거리는 소리가 들리네? 어디 들어 보자.

"이 학사, 어제 논의하던 것을 계속해 보세."

"성 학사, 내가 맡긴 일은 다 조사해 왔는가?"

서로를 학사라고 불러. 저 사람들이 바로 집현전 학사들, 그러니까 세종 시대의 최고 두뇌 집단이야. 조선 시대 가장 찬란했던 문화를 발전시킨 사람들이지. 저들이 무슨 일을, 어떻게 했는지 하나하나 살펴보도록 할까? 대체 집현전이라는 이곳에서 무슨 일이 일어났기에 조선 500년의 기틀을 세웠다는 말이 나오는지 알아봐야겠어. 방으로 들어가 보자.

14

집현전에만 소속되어 연구하고 일하는 관리들을 학사라고 불렀어요.
학사들은 임금이 내린 문제를 연구하고 조사하는 일 외에
임금과 공부하는 경연, 세자와 공부하는 서연을 맡았어요.

❶ 집현전에서 연구하는 관리들은 10명에서 시작해
30명 이상 될 때도 있었으나 대부분 20명을 유지했어요.

❷ 학사들은 과학, 문학, 역사, 의학 등을 두루 맡았으나
대체로 전문 분야가 있었어요.

❸ 집현전에서는 전국에서 모은 책과 중국에서 구해 온 책을 보관했어요.
나중에 자리가 부족해 장서각을 지어 따로 보관했지요.
장서각 건물 안에 책꽂이를 설치하고, 책을 네 종류로 나누어 정리했어요.

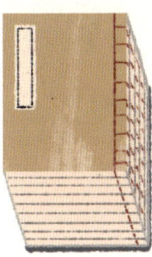

❹ 책은 집현전 안에서만 볼 수 있었고 세자 공부 등을 위해 가지고 나가려면 대출 목록에 적어야 했어요.

❺ 귤은 당시 굉장히 귀한 과일이어서 임금에게 바쳐졌어요. 세종은 귤을 집현전 학사들에게 자주 내렸어요. 이 외에도 밤을 새는 학사들에게 술과 안주를 보내기도 했어요.

❻ 집현전은 임금이 일하는 사정전과 가장 가까운 수정전에 있었어요.

집현전 Tube ᴷᴿ

조회수 11,013,005회   👍 350만 👎싫어요 ↗공유 ⬇오프라인저장 ≡+저장 ⋯

 **집현전은 무엇인가요?**

 집현전은 조선 초기에 학문 연구를 위해 설치한 기관입니다. 유교 국가의 기틀을 확실히 마련하기 위해 당시 문과 과거 시험 합격자 중 능력이 뛰어난 사람들을 모아 놓고, 유교 경전 등을 연구하고 토론하도록 했어요. 오늘날 모든 학문 분야의 전문가들을 모아 놓고, 머리를 맞대어 문제 해결 방법을 찾도록 하는 싱크 탱크(Think Tank)와 비슷하다고 할 수 있어요.

 집현전은 언제 만들어졌나요?

 원래 고려 시대에 처음 만들어졌지만 무슨 일을 했는지 정확히 알기 힘들 만큼 제대로 갖춰지지 않은 기관이었어요. 이후 세종 때 본격적인 학문을 연구하고, 임금이 나랏일을 처리할 때 신하들의 의견을 묻기 위한 기관으로 세워졌어요. 본격적인 기구로서는 세종 2년(1420년)에 세워져 세조 2년(1455년)에 폐지되었다고 할 수 있어요.

집현전에서 일하는 관리는 몇 명이고 관직의 등급은 어땠나요?

처음에는 10명에서 시작해서 32명까지 늘었다가 1437년 이후 20명으로 유지되었어요. 관직은 정9품부터 정1품까지 골고루 있었지요. 집현전의 으뜸 벼슬인 영집현전사, 대제학, 그 아래 제학은 다른 부서의 우두머리가 동시에 맡기도 했지만 나머지 학사들은 집현전 일만 했어요. 한번 집현전에 들어가면 다른 부서로 옮기기 힘들고 오랫동안 그곳에서 근무했어요.

집현전 학사들은 무슨 일을 했나요?

주된 임무는 경연과 서연에 참석하는 것이었어요. 경연은 왕이 신하들과 유교 경전을 읽고 해석하는 것으로, 공부를 마친 뒤에는 나랏일을 의논했지요. 서연은 장차 나라를 다스릴 왕세자를 교육하는 것이에요. 왕세자는 경전을 읽고 시험도 치러야 했지요. 이 밖에도 임금이 새로운 제도나 법률을 만들 때면, 집현전 학사들에게 중국과 조선의 옛 제도를 연구하게 했어요. 새로 만들 제도가 마땅한지 따져 보도록 한 것이지요.

집현전을 한마디로 표현한다면?

세종 시대를 조선 최고의 문화·제도 전성기라고 부르곤 합니다. 그 전성기 꽃들의 주인이 세종이라면, 꽃을 심고 피운 사람들은 집현전 학사들이라고 할 수 있습니다.

1.

경연을 열어 문제를 토론하다

■ ■ ■

여기는 경복궁 사정전이에요. 사정전이라 함은 조선 시대 임금이 업무를 보는 곳이지요. 그러니까 저기 가장 높은 곳에 근엄하게 앉아 계신, 통실하게, 아니 복스럽게 생기신 저분이 바로 임금이란 뜻이에요. 조선 시대 27명의 임금 중 누구냐고요? 바로 역대 인물 인기 투표 1등을 수백 년에 걸쳐 혼자 차지했을 뿐 아니라, 세상에 없었다면 오늘날 어떻게 살았을지 앞이 깜깜해지게 하는 그분, 그분이오. 바로 조선 4대 임금 세종! 그분은 이마를 짚고 멍때릴 뿐이지만 임금의 비서인 승지와, 나중에 역사책에 남길 모든 일을 기록하는 사관들은 이제나저제나 임금의 입이 열릴까 기다리고 있어요. 드디어 임금이 입을 여셨어요.

경연을 마친 뒤 집현전 학사들과 나랏일을 논한다는 말에 신하는 당황했어요. 나랏일은 조정 회의에서 토론해도 될 텐데! 신하는 그 똑똑이 집단인 집현전에 색다른 주제를 던져 주면 너무 많은 의견이 나올까 봐 걱정했지요.

하지만 세종은 신하의 생각처럼 바로 그 점을 노렸는지도 몰라요. 집현전 학사들의 구미에 맞는 주제라면 조정 회의 때 세종이 가만 있어도, 학사들이 왕 대신 다른 신하들과 싸워 줄 테니까요. 세종이 집현전에 그 똑똑한 학사들을 모아 놓은 이유가 다 있죠. 그러니까 세종에게 집현전 학사들은 문제를 해결하거나 그 방법을 알려 줄 행동 대장 혹은 참모라고나 할까요?

 세종이 비서인 승지에게 경연의 주제를 전하라고 일렀어요. 승지가 물러나와 경연 주제가 적힌 종이를 하급 관리에게 넘겼어요. 하급 관리가 그 종이를 받아 어디론가 총총거리며 갔지요. 임금이 나랏일을 보는 전각인 사정전 바로 옆에 붙은 수정전이에요. 바로 '지혜가 모이는 곳'이란 뜻의 집현전이 자리한 건물이지요.

 조선 최고 두뇌들이 모여 있는 집현전에서 승지가 보낸 쪽지가 펼쳐졌어요. 열심히 책을 뒤지고 있던 학사들이 갑자기 모여들었어요. 심각한 표정으로 쪽지를 노려보더니 다들 책을 찾으러 집현전에 딸린 장서각으로 달려가지 뭐예요. 장서각은 조선에서 가장 많은 책이 있는 도서관이에요.
 다음 날 학사들은 장서각에서 '용'을 다룬 책을 모두 꺼내 와 읽었지요.

 "더 찾아보게. 분명히 우리가 놓친 게 있을 거야. 전하께서 분명히 집어내실 거라고."
 "안 읽은 책이 없고, 읽었다 하면 최소 백 번은 보시는 임금을 둔 우리는 너무 불행한 신하들 같아. 밤을 새도 어차피 틀렸어. 대강 하세나."

말은 그렇게 해도 학사들은 밤을 새워 연구하였어요. 시간이 더디 가길 바랐지만 또 날이 밝았어요.
　아침, 점심, 저녁 그리고 아무 때나 하는 네 번의 경연 중 오늘은 아침에 열리는 경연이었어요. 학사들은 어쩐지 준비를 덜한 느낌이 들어 찜찜했지만, 경연장으로 모두 오라는 연락을 받고 몰려갔어요. 집현전 학사들이 줄지어 걸어가자 마주친 관리들이 길을 비켜 주었어요. 어떤 관리는 존경의 눈빛을, 어떤 관리는 시샘의 눈빛을 쏘았어요. 늘 있는 일이지요.

"사헌부가 맡은 관리들의 감독, 감시를 저 집현전 학사에게는 하지 말라는 임금의 명을 받았다네. 모든 관리가 벌벌 떤다는 사헌부 관리의 체면이 저들 때문에 구겨졌다고."

"임금에게만 진상된다는 전국의 특산품을 집현전 학사들에게는 아낌없이 베푼다니 그것도 배 아파 죽을 지경이야."

"그래도 집현전 말고 다른 부서로 옮길 수 없으니 그건 절대 부럽지 않아. 평생 연구만 해야 하잖아."

원래 집현전 학사들 중 일부는 임금이 공부하는 경연에, 나머지는 세자가 공부하는 서연에 참여해요. 그렇지만 오늘은 임금의 명으로 모두 경연에 참가했어요. 학사들이 자리를 잡자 가장 높은 관리가 들어왔어요. 마지막으로 세종이 들어와 관리들과 마주 보고 자리에 앉았어요.

"지난 경연 때 공부한 것을 내가 읽고 해석해 보겠소."

세종이 숨 돌릴 새도 없이 어려운 글귀를 줄줄 읽더니 우리말로 풀어 들려주었어요. 복습을 마친 뒤 경연 담당 학사가 새로 서너 줄을 읽자 다른 학사가 뜻을 풀이했어요. 거기에 대해 저마다의 해석을 발표했지요. 임금을 공부시킨다지만 사실 세종은 모두 아는 내용이었어요. 알아도 입 밖으로 내어 확인하면 더 자세히 알게 되는 법, 세종은 공부하는 내내 싱글벙글하셨어요.

어느 정도 공부를 진행하면 끝으로 나랏일에 대해 토론할 차례예요.

"내가 어제 주제를 내렸는데 다들 준비했는지 모르겠군. 세상에 용이 실제로 있다고 생각하는가?"

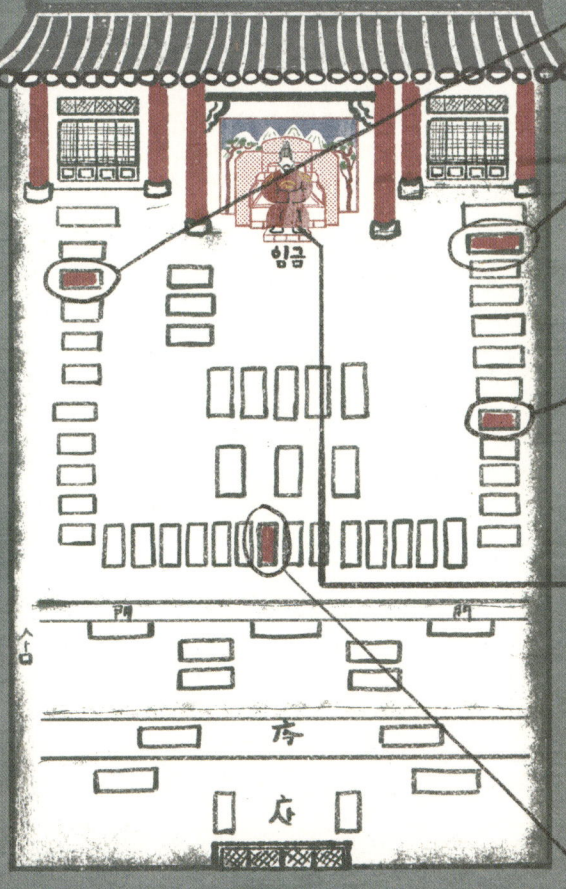

경연 배치도

신하1
용을 실제로 봤다는 사람이 꽤 있는 걸로 보아 진짜 있다고 생각됩니다.

신하2
중국의 옛 책에도 용이 수시로 등장하고 있습니다. 계절별로 등장하는 용이 있는가 하면 다리가 없는 것, 두 개인 것, 네 개인 것까지 있습니다.

신하3
우리 책에도 있습니다. 고구려 시조 고주몽의 아버지라고 하는 하늘 신의 아들 해모수가 용 다섯 마리가 끄는 마차를 탔다는 기록이 있지요.

임금
그건 시조를 더 신비롭고 존엄하게 보이려고 꾸며낸 것일 수도 있소. 용을 주로 연못이나 거세게 흐르는 내천에서 보았다고 하는 것을 보면, 물방울과 빗방울로 눈앞이 뿌얘지면서 큰 이무기를 용으로 착각할 수도 있다고.

신하4
그래도 연못의 용을 놀라게 하면 비가 온다는 속설이 가끔 맞아떨어지는 것을 보면 있는 것 같기도….

토론이 길어졌어요. 세종이 신하들 말 하나하나에 반박하시니 더 길어질 수밖에요. 결국 신하들은 점점 말수가 줄어들었어요. 세종이 실망스러운 듯 결론을 내렸어요.

"여기 대부분이 집현전 학사들이오. 조선 최고의 두뇌 집단이라 세상의 기운과 이치에 따른 어떤 과학적인 용의 이론을 기대했는데 실망스럽군. 내가 나랏일을 너무 많이 맡긴 탓이야. 뭔가 대책이 필요하겠어."

아니나 다를까, 밤에 임금의 명령을 적은 글이 집현전 알림판에 걸렸어요.

맡은 임무가 너무 많아 책 읽을 시간이 심히 부족해 보인다. 특별히 뽑은 하위지, 박팽년, 성삼문, 신숙주, 이개, 이석형은 각자 집에서 1년 동안 책만 읽도록 하자.

1000만

집현전 Tube ᴷᴿ

궁금해요 경연

조회수 11,013,005회　　👍 350만　👎 싫어요　↗ 공유　⬇ 오프라인저장　☰ 저장 …

경연이란 무엇인가요?

경연이란 '유교 경전을 공부하는 자리'라는 뜻이에요. 공자, 맹자 같은 유교 성현의 말을 적은 책이 경전이니까, 이들의 가르침을 공부하는 것이지요. 조선은 유교를 나라 다스리는 기본 생각으로 정했기 때문에 임금은 당연히 유교를 잘 알 필요가 있었어요. 그래서 수시로 경연을 열어 당시 최고의 학자와 함께 유교 경전을 읽고, 해석하고, 토론했어요. 경연이 끝나면 꼭 나랏일을 의논했기 때문에 아주 중요한 자리라고 할 수 있어요.

경연은 언제부터 언제까지 열렸나요?

경연은 아주 오래전 중국 한나라에서 시작했어요. 그 제도가 우리나라 고려 때 들어왔지요. 그러다 유교를 기본 이념으로 삼은 조선이 본격적으로 경연을 열면서 조선 말까지 이어졌어요.

경연은 어떻게 이루어졌나요?

 강의 교재는 《논어》, 《맹자》 등의 사서 오경과 역사책인 《자치통감》, 《자치통감강목》 등이 있었어요. 경연이 열리면 한 사람이 교재의 문장 서너 줄을 읽고 그 뜻을 해석했어요. 그러고 나면 임금과 신하들이 질문도 하고 의견도 나누었지요.

 경연이 열린 때와 횟수는 어느 정도이고, 누가 많이 열었나요?

 경연은 아침, 점심, 저녁 그리고 정해진 시간 없이 열리곤 했는데 아침 경연을 마친 뒤에는 나랏일을 토론하였어요. 횟수는 임금마다 달라서 거의 열지 않은 임금이 있는가 하면 수시로 연 임금도 있었어요. 세종은 기록에 남은 것만 2,000회가 넘었고 성종은 매일 세 번씩 꼬박꼬박 열었을 정도예요. 세종, 성종, 영조가 가장 많이 했고 연산군, 광해군이 가장 적게 열었다고 해요. 보통 조선의 전성기를 세종, 성종, 영조, 정조 때라고 하니 경연을 연 횟수와 나라를 잘 다스리는 것은 무척 관계가 깊다고 할 수 있어요.

2.

특별 휴가, 사가독서로 기본기 쌓기에 힘쓰다

◆ 주요 인물: 하위지
◆ 출생과 사망: 1412~1456년
◆ 경력: 집현전 직제학, 예조판서
◆ 특기: 역사서 편찬 사업에 주로 참여

■ ■ ■

　다음 날부터 하위지, 박팽년, 성삼문, 이개, 신숙주, 이석형, 이 여섯 사람이 사가독서에 들어갔다는 소식이 들렸어요. 사가독서는 젊은 관리들 중 유능한 사람 몇 명을 뽑아, 하던 일을 쉬고 책만 집중적으로 읽도록 한 제도예요. 일을 안 하고 책만 읽으며 집에서 쉬어도 보수를 계속 받다니 좋아도 너무 좋은 나라, 조선 아닌가요? 다른 사람들은 사가독서에 들어간 사람들이 진짜로 책만 읽는 것인지 궁금해 했지요.

　실제로 이리 보고 저리 봐도 오로지 책만 읽었어요. 집에서 한 발자국도 나오지 않고 하루 종일 책 보기, 밥 먹기, 화장실 가기 정도만 했다니까요. 이 사람들을 지켜보는데 어쩐지 하위지 학사만 예외다 싶었어요. 수시로 집 밖으로 나왔거든요. 어디를 가나 했더니 같은 집현전 학사 박팽년의 집이었어요. 집 안으로 들어가지 않고 담벼락에 붙어 대문만 기웃거리는 폼이 이상했어요. 그런데 하위지는 사가독서 중인 성삼문, 신숙주의 집에 가서도 똑같은 행동을 하지 뭐예요.

　하위지는 동료들의 집을 모두 돌고는 안심이 되는 듯한 얼굴로 집으로 돌아왔어요. 아무래도 사가독서를 같이 하는 동료들이 얼마나 책을 읽는지 염탐하고 다녔던 모양입니다. 하위지는 집에 돌아와 안심하고 다시 책을 펼쳤지요.

　다음 날이 되었어요. 하루 종일 책을 읽겠다고 다짐했던 하위지는 반나절이 안 되어 다시 외출을 준비했어요. 불안하고 궁금해, 사가독서를 하는

다른 학사들 집을 또 찾아가 보려는 것이었어요. 그런데 집집마다 다른 선비들이 찾아와 진을 치고 있었어요.

사실 이런 광경은 처음 보는 게 아니었어요. 예전에 다른 학사들이 사가독서를 할 때도 있었던 일이었어요. 워낙 촉망 받는 사람들이다 보니 한양은 물론이고 지방에서 학문깨나 한다는 선비들의 관심이 집중되었어요. 다들 얼굴이나 한번 보고 싶어도 집현전 학사들은 평소에 너무 바빠서 만나기 힘들었어요. 그러다 사가독서 중이라는 소문이 돌자 그동안 기회만 엿보던 선비들이 뭔가 한마디라도 더 들으려고 너나없이 찾아왔어요. 그러는 바람에 학사들은 목표로 삼은 책의 권수를 채우기 힘들었지요.

하위지는 다들 다른 선비들에게 시달리는 모습을 보고는 흐뭇하게 돌아왔어요. 그러다 자기 집 앞에 죽치고 있는 선비들을 보고 놀라 줄행랑쳤어요. 밖에서 숨어 있다 그들이 돌아갈 때쯤 집에 들어갔더니 이미 지쳐 책 한 장 읽지 못할 상태가 되었지요.

며칠 후 궁에서 명령이 내려왔어요.

사가독서를 하는 집현전 학사들은 집을 떠나 삼각산의 진관사로 들어가 책을 읽도록 하라.
- 준비물: 책, 책, 그리고 또 책.
- 주의 사항: 진관사에는 아무도 찾아오지 못하게 할 테니 걱정 말 것.

임금의 명령에 학사들은 기뻐했어요. 진관사로 들어오자마자 동료들의 손을 붙들고 놓지 못할 정도였지요.

"방해받지 않고 조용하게 책을 읽을 수 있다니 너무 잘됐네."

"우리끼리 모인 김에 책도 읽고 토론도 하세. 집현전에서 못 푼 문제도 더 연구하고."

하위지는 친한 동료들과 모이니 한껏 행복해졌어요. 경쟁할 때는 견제가 되었지만 그래도 매일 얼굴을 보던 동료라 든든했지요. 게다가 집집마다 돌아다니며 상황을 살필 필요가 없어서 좋았어요.

하위지는 다른 동료들 방에 불이 다 꺼진 것을 확인하고 잠이 들었어요. 다음 날에는 해가 뜨기도 전에 일어나 책을 폈지요.

'나는 동료들보다 나이가 많은 만큼 더 잘해야 돼. 더 열심히 하지 않으면 저 총명한 친구들보다 뒤떨어질 거야.'

진관사에 들어와 행복했던 것도 잠깐, 하위지의 눈 밑 그림자가 갈수록 짙어졌어요. 동료들보다 늦게 자고 일찍 일어나는 생활을 하다 보니 너무 힘들었거든요. 하위지는 동료들이 책을 빌려 달라고 할까 봐 계속 보는 척하고, 산책하자고 할까 봐 방문 밖에 촛을 세우고 있어야 했어요.

어느 날 동료들이 그를 찾아왔어요.

　조선 시대에는 과거 시험에 합격해 관리가 되어도 종3품 이하는 10년에 한 번씩 그 능력을 평가하는 중시 시험을 쳐야 했어요. 그 시험에 집현전 학사들이 늘 1~2등을 다투었지요. 사가독서를 하는 학사들도 그 시험을 염두에 두고 동료들과 선의의 경쟁을 하려고 했어요. 그럼에도 동료들이 하위지를 챙겨 주러 온 거예요. 하위지는 머쓱해졌어요.

　이개, 신숙주 학사는 같이 하는 동료가 너무 좋다며 시까지 지었어요.

　"우리 이렇게 똘똘 뭉쳐 조선을 위해 열심히 능력을 펼쳐 봅시다. 앞으로도 쭈욱 같이!"

하지만 같이 하자 그렇게 외쳐 놓고, 신숙주 혼자 능력을 펼치려 떠나야 하는 일이 생겼어요. 무슨 일일까요?

1000만

▶ 집현전 Tube ᴷᴿ

조회수 11,532,130회   👍450만 👎싫어요 ⇪공유 ⬇오프라인저장 ≡+저장 ···

사가독서란 무슨 뜻인가요?

사가독서(賜暇讀書)란 '책을 읽을 여유를 내림'이란 뜻입니다. 젊고 재주 있는 관리 중 선발하여, 각자 집이나 정해진 곳에서 1년 내내 책을 읽으며 지식과 능력을 쌓도록 하는 제도이지요.

사가독서는 누가 했나요?

세종 때는 집현전 학사들 가운데 능력이 뛰어난 사람 몇 명을 뽑아 독서를 하도록 했어요. 집현전이 폐지된 후에는 일반 젊은 관리 중 엄격한 선발을 거친 사람이 할 수 있었어요.

진관사는 어디에 있었나요? 조선 시대 내내 이곳에서 사가독서를 했나요?

진관사는 오늘날의 북한산인 삼각산에 있었어요. 조선 시대 4대 절로 꼽힐 만큼 유명한 곳이었지요. 기록에 따르면 진관사에서는 하위지, 박팽년, 성삼문, 신숙주, 이개, 이석형이 처음으로 사가독서를 했어요. 이후 두어 번 더 실시되었다가 집현전이 없어지면서 폐지되었어요. 나중에 성종 때 사가독서 제도가 부활되었는데, 용산 근처에 독서당을 세우고 뛰어난 관리를 뽑아 그곳에서 책만 읽도록 했어요.

사가독서는 몇 명이 했나요?

보통 6명 정도인데 10명일 때도 있고 한두 명일 때도 있었어요.

3.

외교 문제를 해결하다

■ ■ ■

　조선이 세워지고 이제 겨우 몇십 년, 현명하면서도 부지런한 임금 세종은 나라 안의 제도를 새로 만들어 가면서 밖으로는 다른 나라와의 관계를 다지는 데도 게을리 하지 않았어요. 집현전 학사들이 가장 열심히 하는 일 중 하나가 옛날 제도를 연구하는 것이었어요. 이 일은 외교 활동에 큰 도움이 되었지요. 옛날에는 이웃나라 중국이나 일본을 어떻게 대해 왔는지, 그 제도를 알면 외교 관계를 잘 이끌어 갈 수 있고 외교 문서도 잘 만들 수 있으니까요. 예전에는 말 한마디 잘못 쓰거나 인사 한번 잘못해서 나라 간에 큰 오해가 생기기도 했지요.

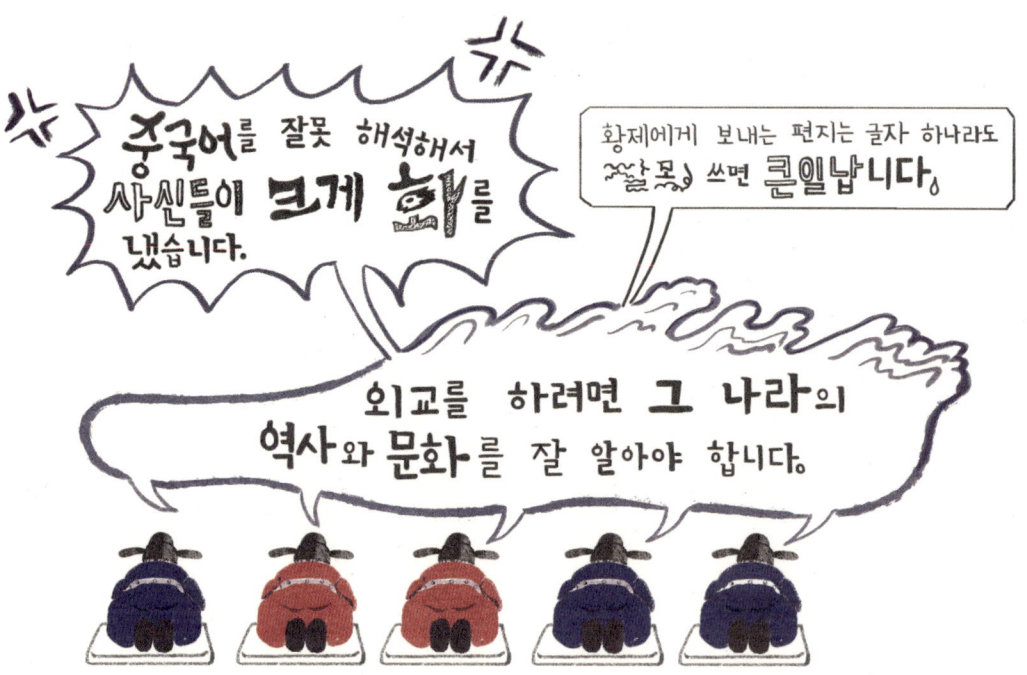

조선은 다른 나라와 관계를 어떻게 풀어 나갈지 고민하다가 기본 방향을 이렇게 잡았어요.

"조선의 기본 외교 정책은 사대교린이다."

사대교린이란 큰 나라는 섬기고 이웃한 작은 나라와는 친하게 지낸다는 뜻이에요. 그러니까 중국 명나라에는 1년에 한두 차례 조공을 보내며 비위를 맞춰 주고 여진족이나, 일본 같은 작은 나라는 구슬려서 평화롭게 지내는 것이지요.

사실 이런 정책은 고조선 이래 고려까지, 이전 왕조가 외교에서 많은 실패와 잘못을 되풀이하는 것을 반성하며 세운 것이에요. 이전 왕조는 큰 중국 땅의 여러 나라들에게 짓밟힌 아픈 상처가 있어요. 고려만 해도 전기에는 거란족의 요나라, 후기에는 몽골족의 원나라에 침략당했지요. 조상들은 우리 백성을 다 합친 것만큼이나 많은 수의 적들을 당해 내지 못했어요. 거란족은 다행히 어찌저찌 막아 냈지만, 역사상 가장 큰 제국을 세운 몽골족의 나라인 원나라 병사들은 결국 막지 못했어요. 그래서 수많은 사람들이 죽거나 끌려가고 전 국토는 황폐되었지요.

몽골족이 물러나자 북쪽에서는 중국 북쪽 땅 도적떼인 홍건적이, 남쪽에서는 바다 건너 일본 해적들인 왜구들이 수시로 쳐들어왔어요. 그들은 눈 깜짝할 새에 침입해 재산을 빼앗고 백성들을 죽인 뒤 다시 달아나곤 했어요. 그러니 고려 조정도 어쩔 수 없이 백성들이 해안가나 국경 근처에 살지 못하게 할 정도였지요. 조선은 그런 일이 되풀이되는 것을 막아야 했어요.

이 중요한 외교 문제를 풀어 갈 사신 후보로 중국말, 일본말, 여진말 할 것 없이, 말이란 말은 모두 능통한 신숙주가 당연히 1순위였어요.

신숙주는 스스로 가겠다고 했지만 마음이 싱숭생숭해졌어요. 외국에 나가 능력을 발휘한다면 좋기도 하지만, 사가독서를 하면서 친해진 동료들과 오랫동안 떨어져 있게 되어 슬펐거든요. 이개 학사도 서운했는지 곁에서 말을 걸어 왔어요.

"요 며칠 몸이 아팠는데 과연 일본에 갈 수 있겠는가? 게다가 그 험한 뱃길을?"

"나는 임금께 큰 은혜를 받은 사람이네. 그런 큰 은혜를 받고도 나라를 위해 일하지 않는 것은 죄라네."

"자네가 숙직하다 잠들었을 때 전하께서 옷을 덮어 주신 일? 하긴 집현전 학사들은 진상품을 받고, 내관들이 직접 우리 점심, 저녁밥을 챙겨 주는 등 특별한 혜택을 받지만 전하께서 옷을 덮어 준 사람은 자네가 유일하지."

일본으로 가는 사신단 중 가장 우두머리는 정사였어요. 신숙주가 맡은 서장관은 세 번째고요. 일본에 도착한 사신단은 궁에 도착할 때까지 큰 환대를 받았어요. 100명이 넘는데도 수많은 일본 관리들이 나와 안내해 주었고, 길마다 일본 백성들이 나와 박수를 쳐 주지 뭐예요. 일본에는 훌륭한 시와 문장을 아는 이가 별로 없었어요. 그래서 일본 백성들은 밤이면 숙소로 와 글을 써 달라고 조선 사람들에게 졸랐어요.

"조선의 문화 수준이 높아도 너무 높으니 힘들구먼, 하하하."

마침내 신숙주의 활약으로 회담은 성공적으로 끝마칠 수 있었어요. 돌아오는 길에 일본 본토와 떨어진 섬, 대마도(쓰시마 섬)에 들렀어요. 대마도는 해적의 소굴이라 조선으로서는 골치 아픈 곳이었지요.

조선은 그곳 우두머리인 대마도주에게 적당한 선물을 내리고, 그 손으로 해적들을 처리하도록 해 왔어요. 이 일을 가장 잘하는 사람은 이예로, 그는 일흔이 넘은 나이에도 아직도 나랏일을 맡고 있었어요. 이예로 말할 것 같으면 이런 인물이에요.

이름: 이예
나이: 1442년 현재 70세
경력: 일본통. 일본에 40번 이상 오가며 외교를 담당함.
특기: 일본에 끌려간 포로 찾아오기

이예는 신숙주를 보자 뛸 듯 기뻐했어요. 이런저런 골치 아픈 일들이 생겨 다시 조약을 맺어야 하는데, 머리 좋은 신숙주가 같이해 준다니 든든해졌지요.

드디어 회담이 시작되었고 이예가 나서서 담판을 지었어요.

"일본에서 우리와 무역을 하겠다며 보내는 배가 너무 많소. 올 때마다 먹고 자는 것을 대주어야 하니 우리 조선에게 부담이 큽니다."

과거 왜구의 침입을 뿌리 뽑기 위해 대마도를 정벌한 조선은 대마도주의 간청으로 세 항구를 개항하고 무역을 허락했어요. 그런데 조선의 부담이 커지자 무역선의 수를 제한할 필요를 느낀 것이지요.

대마도주도 양보하지 않았어요.

"이곳에서는 농사를 짓지 못하니 무역 말고는 먹고살 수단이 없는데, 배의 수를 줄이라면 어찌합니까? 그럼 그들은 또다시 해적질을 해야 합니다."

그때 신숙주가 고개를 갸웃대다가 이예에게 귓속말을 했어요.

"우리가 대마도주에게 해마다 곡식을 주고 있지요?"

이예가 고개를 끄덕였어요. 신숙주가 빙그레 웃으며 대마도주에게 말했어요.

"배를 줄일 수 없다면 우리가 주는 곡식을 줄여야 합니다. 게다가 지금처럼 마구잡이로 배가 출발하게 놔두면 안 됩니다. 그 수를 50척으로 정해 놓지요. 그러면 그 안에 포함되려고 대마도주에게 잘 보이려 할 겁니다."

신숙주의 말에 대마도주의 표정이 달라졌어요.

"그렇겠군요. 50척 안에 들려면 무역선들도 내 허락을 받아야 하니, 그 수를 정하는 게 나에게 유리하겠군요. 좋소, 약조를 합시다. 1년에 50척이요."

집현전에서 예전 기록을 모두 뒤져서 미리 공부해 온 덕분에 조선에 유리하게 회담을 이끌 수 있었어요. 대마도주는 우리가 곡식을 계속 내려 준다니 마냥 우길 수만 없어 조약을 체결하기로 하였지요.

맡은 일을 다 해낸 뒤에도 신숙주는 고장 여기저기 돌아다니며 일본 사람들의 사는 모습과 문화를 살폈어요.

'앞으로 우리 조선은 계속 저들과 외교해야 해. 제대로 상대하려면 저들의 생활, 제도 같은 모든 것을 잘 알아야겠지. 내 여기 온 김에 알아내서 기록으로 남겨야겠다.'

신숙주와 사신단은 일본에 8개월가량 머물다 돌아왔어요. 그런데 그 길을 무사히 돌아왔다는 안도감이 들기 무섭게, 신숙주는 또 짐을 싸야 할 일이 생겼어요.

일본과의 조약은 참으로 잘 처리하였다. 이예 체찰사뿐 아니라 정사, 부정사, 신숙주 서장관이 잘 해냈다. 무엇보다 집현전 학사들의 평소 연구가 큰 도움이 되었다고 본다. 그래서 말인데, 신숙주는 명나라 최고의 언어학자가 귀양 와 있는 요동에 다시 한 번 다녀오라.

또 다시 길을 떠나야 하다니! 바로 세종의 야심 찬 프로젝트인 우리 글자 만들기 때문이지요. 하……, 언어 천재의 삶이란 참 힘든 것 같습니다.

1000만

집현전 Tube ᴷᴿ

조회수 11,013,005회 👍 350만 👎싫어요 ↗공유 ⬇오프라인저장 ≡+저장 ···

조선 시대에는 어느 나라와 교류했나요?

전기에는 주로 명나라, 후기에는 명 대신 들어선 청나라와 교류했어요. 명, 청은 큰 나라라 맞서면 오히려 큰 해를 입기 때문에 외교가 굉장히 중요했어요. 그래서 공식적으로 사대를 하기로 했어요. 해마다 조공을 보내고, 왕이나 세자를 정할 때 알려야 했지요. 그 외 국경을 맞대고 있는 여진족과 바다 건너 일본은 국경선을 침범하는 일이 잦았는데 심하면 정벌하고, 아니면 적당히 요구를 들어주며 평화롭게 지냈어요.

외교 활동에서 집현전 학사들의 역할은 무엇이었나요?

신숙주처럼 직접 사신으로 가거나, 사신에게 보내는 문서를 격식에 맞게 정확히 쓰는 일에 도움을 주었습니다. 조선 시대에는 다른 나라 임금에게 보내는 외교 문서에 글자 하나 잘못 써서 틀어지기도 했어요. 세종은 집현전 학사들이 옛 자료를 연구해 이런 문제를 해결하기를 바랐어요. 그 바람대로 신숙주처럼 일본과의 외교뿐 아니라 박팽년, 성삼문 등의 학사들은 명나라와의 외교도 잘 이끌었지요.

신숙주는 일본에서 무엇을 샅샅이 둘러보았나요?

 신숙주는 일본을 다녀온 후 30년쯤 지나 《해동제국기》라는 책을 썼어요. 외교를 잘하려면 그 나라의 정치와 문화를 종합적으로 알고 있어야 한다는 뜻에서였지요. 그 책에는 일본의 역사, 풍습, 지리 등도 자세히 적혀 있어서 당시 일본의 모습을 파악하는 데 중요한 자료가 되고 있어요.

4.

한글 창제
프로젝트에
참여하다

- ◆ 주요 인물: 정인지
- ◆ 출생과 사망: 1396~1478년
- ◆ 경력: 집현전 학사, 부제학, 영의정
- ◆ 특기: 역사, 언어, 역법 등 모든 분야
- ◆ 특이 사항: 집현전 사업 대부분의 책임자

■ ■ ■

　우리 글자 만들기는 어렵지만 분명 좋은 일인데, 어째 분위기가 심상치 않아요.
　"아니, 그대는 어찌 내 백성을 그리 하찮게 보는가?"
　쩌렁쩌렁, 임금의 업무실을 흔드는 화가 난 목소리가 울려 퍼졌어요. 어지간하면 화를 내지 않은 임금인데 최만리에게 저리 윽박지르는 것을 보니 신하들이 백성들을 무시했나 봅니다.

　조선은 철저한 신분 사회였어요. 양반들은 떠받들어지는 것을 늘 당연하게 여겼어요. 그들은 일반 백성들은 천해서 글자를 알 필요도 없다고 생각했지요.
　게다가 뼛속까지 중국의 한인 문명만이 최고라는 중화사상에 젖어 있었어요. 우수한 문명의 글자인 한자를 버리고 다른 글자를 만드는 일은 오랑캐나 하는 짓이라고 여겼지요. 이런 생각이 너무나 확고해서 임금 앞에서 감히 소리 높여 주장했던 거예요. 그 방법이 통하지 않으면 무리를 지어 상소문을 올리며 임금을 압박했지요.
　세종은 중화사상이고 뭐고 백성이 더 중요했어요. 한자는 어려운 글자인 데다 우리말과 맞지 않으니 시간 없는 일반 백성들은 깨칠 수가 없었어요. 글자를 모르니 억울한 일이 생겨도 관청에 호소할 수도 없었지요. 나라에서 알리거나 권하는 일도 글자를 몰라 잘못 이해하기도 했고요.

"백성들이 글자를 안다면, 해서는 안 되는 일을 정확히 알고 지킬 것이다. 그럼 위험한 일도 없을 테지. 쉬운 우리 글자로 한자의 뜻과 소리를 알려 주면 백성들도 한자를 쉽게 배울 수 있을 것이다."

세종이 이렇게 말해도 이에 동의하는 사대부 양반들은 별로 없었어요. 오로지 세종의 아들딸과 최측근인 정인지, 젊은 학사인 성삼문, 신숙주 등만이 임금을 믿고 따랐지요. 이들은 다른 나라 글자의 정확한 소리를 알아내고 분석한 뒤 새로 만든 글자는 어떠해야 할지 연구했어요.

집현전 젊은 학사들은 한자의 소리에 관한 모든 책을 조사했어요. 그러고도 부족한 부분이 있자, 명나라에 가는 사신단에 끼어 더 알아보고 왔어요.

이런 고생 끝에 결국 우리 글자인 한글이 탄생했어요. 하지만 바로 세상에 알리지 못했어요. 10년 넘게 고생해 만들었지만 명나라 눈치도 봐야 하고, 중화사상을 어기면 큰일 나는 줄 아는 사대부 양반들의 저항도 따져 봐야 했거든요.

최만리가 끈질기게 반대하자 세종이 버럭 소리 질렀어요.

사실 세종은 신하들의 말을 주로 듣기만 하고 좋은 결론이 나올 때까지 충분히 의견을 내도록 했어요. 결론이 나오면 대부분 '그래, 자네 말이 옳으니 그대로 하라'라고만 하셨지요.

하지만 예외가 있었어요. 백성을 욕하면 절대 참지 않으셨어요. 그걸 알면서도 신하들은 또 그 버릇이 튀어나와 임금에게 한 소리 들었지 뭐예요.

세종이 그렇게 나오자 할 말이 없는 최만리와 그를 따르는 신하들이 씩씩대며 물러났어요. 돌아가 또 상소 공격을 퍼붓자고 결의를 다짐하면서요. 그러자 세종은 정인지를 남겨 명령했어요.

"어차피 글자를 만들었다는 사실이 들통 났네. 들킨 김에 요동에 한 번 더 다녀와야겠어."

우리 국경선 가까이에 있는 요동에 명나라의 유명한 소리 학자가 귀양 와 있다. 그 사람에게 한자의 정확한 소리를 배워 오도록 하라.

세종은 왜 요동에 다녀오라고 했을까요? 새로운 글자는 이미 만들어 놓았지만 그게 다가 아니었어요. 글자를 쓰고 읽는 방법 등도 정해야 했어요. 세종은 새 글자로 한자의 발음을 표기할 수 있다면 조선의 학문에 큰 도움이 될 거라고 생각했어요. 한자의 발음은 중국과 조선이 다르고, 중국 안에서도 시대마다 조금씩 달랐어요. 한자의 발음을 통일하면 자료를 찾기도 쉽고, 서로 다르게 알았던 이론을 하나로 정리할 수 있을 테니까요.

정인지는 서둘러 집현전에 들러 성삼문과 신숙주 등을 불렀어요.

"전하의 명이네. 상소가 더 올라오기 전에 새 글자를 발표해야 하네. 마지막으로 요동에 다녀와야겠네."

"이번이 열네 번째입니다. 마지막으로 확실히 확인하고 와야겠군요."

정인지는 젊은 학사들을 보내고, 서둘러 새로 만든 글자의 설명글을 쓸 준비를 했어요.

이렇게 훌륭한 글자인데 자부심은커녕 명나라 눈치가 보인다고 오랑캐 운운하다니, 쯧쯧쯧.

정인지는 집현전이 새로 세워지자마자 들어온 축에 속했어요. 집현전에서 잔뼈가 굵었다고나 할까요. 집현전 학사는 관직이 낮아도 조회 때 임금을 보필하던 높은 벼슬인 재상들보다 앞에 설 수 있었고, 나라에서 책을 펴내면 맨 먼저 볼 권한이 있을 정도로 최고 대우를 받았어요. 정인지는 그 대접을 절대 잊지 않았지요. 그는 사대부들이 임금에 맞서는 것이 너무 화가 났어요. 하지만 세종의 가장 가까운 신하라 할 수 있는 성삼문, 신숙주 등에게 속내를 털어놓는 것 말고는 할 수 있는 일이 없었어요.

"최만리, 저 사람은 집현전이 생기자마자 들어와 지금까지 최고 대접만 받았으면서 새 글자를 막으려고만 하니, 전하도 참 서운하실 게야."

"유학자들 대부분이 새 글자에 반감이 있는 것도 이해는 돼요. 우리도 전하의 뜻이 아니었다면 그랬을 겁니다. 워낙 고지식하고 꼿꼿해서 그렇지, 최만리 부제학도 나라와 임금을 위하는 마음이 우리와 같다는 것은 모두가 아는 사실이지요."

호랑이도 제 말 하면 온다더니 최만리가 학사들 몇을 이끌고 들어왔어요.

"글자를 만드는 것은 내가 말리지 않겠다 이거야. 침침한 눈으로 굳이 만드시겠다는데 어쩌겠어. 하지만 그것을 모두가 쓰도록 하겠다는 것은 두고 못 보지."

최만리는 상소문을 써서 올렸어요. 글을 잘 쓰기로 유명한 사람이니 듣기만 해도 고개가 끄덕여지는 내용이었지요.

한자라는 훌륭한 글자가 있는데 새로운 글을 만든다는 것은
명나라를 받드는 질서에 어긋나는 일이옵니다.
몽고, 서하, 만주 등이 제 글자를 가지고 있는데
우리 역시 글자를 가지게 된다면 그들과 같은
오랑캐라고 밝히는 것과 같사옵니다.

이 사실을 안 정인지는 이를 바드득 갈았어요.

'학사들이 돌아오기만 해 봐라. 안 배우고 싶어도 저절로 깨우칠 만한 설명글을 쓸 것이야.'

정인지가 최만리의 눈을 피해 작업을 했어요. 학사들이 호시탐탐 정인지의 동정을 살폈지만 기습 발표를 위해 절대 틈을 보여 주지 않았지요.

몇 달 후 세 학사가 돌아온 뒤로는 더 바빠졌어요. 요동을 다녀온 젊은 학사들을 이끌고, 정인지는 며칠 밤을 새다시피 했지요. 마지막 방문답게 그동안 풀리지 않았던 문제를 깔끔하게 정리할 수 있었어요.

마침내 그날이 왔어요. 임금이 새 글자를 만드시고 딱 3년 만이었지요, 짜잔.

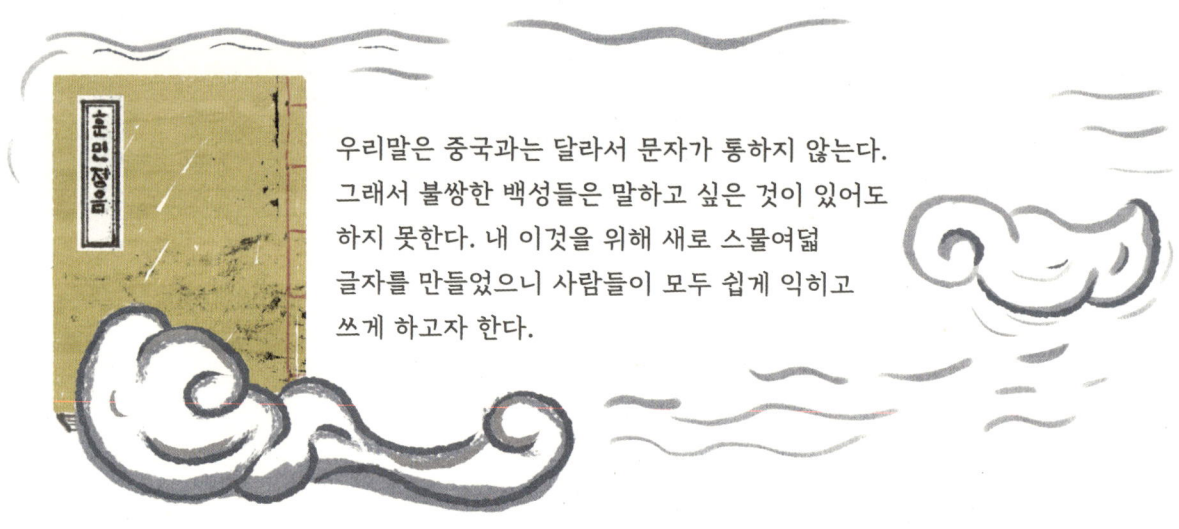

우리말은 중국과는 달라서 문자가 통하지 않는다. 그래서 불쌍한 백성들은 말하고 싶은 것이 있어도 하지 못한다. 내 이것을 위해 새로 스물여덟 글자를 만들었으니 사람들이 모두 쉽게 익히고 쓰게 하고자 한다.

이제 반대해도 소용없어요. 새 글자를 만들었으니 널리 쓰라고 전국에 발표해 버렸으니까요. 왜 우리만의 새 글자를 만들었는지, 그 글자는 어떻게 쓰는지 자세히 설명한 책이 나왔고요.

최만리는 갑작스런 발표에 속이 부글부글 끓다 못해 얼굴까지 벌개졌어요. 그러자 세종은 갑자기 세금 문제를 꺼냈어요.

"이제 큰 산을 넘었으니 다른 산을 넘어야겠다. 15년 넘게 질질 끌어 온 농토에서 세금 걷는 문제를 확실하게 결정하도록 하라."

최만리에게 가장 자신 있는 문제를 던져 준 거예요. 잔뜩 구겨져 있던 최만리의 얼굴이 세금이란 소리에 활짝 펴지는 것을 보고, 정인지가 피식 웃었어요.

한글은 누가 만들었나요?

'백성을 가르치는 바른 소리'라는 뜻의 《훈민정음》 머리말에 세종이 만들었다고 나와 있어요. 단, 남아 있는 당시의 모든 기록을 합쳐 보면 세종 혼자 만든 것은 아니고 왕자와 공주, 집현전의 젊은 학사들이 도운 것임을 것을 알 수 있지요.

한글은 언제 만들었나요?

한글은 세종이 오랫동안 연구하여 1443년에 완성했고, 그로부터 3년 뒤인 1446년에 널리 발표했어요.

세종 대왕은 왜 한글을 만드셨나요?

기록을 보면, 한글을 만들어서 원래 있던 한자 대신 쓰겠다고 한 의도는 없었어요. 오히려 한글로 발음 기호를 달면 한자를 배우기 쉬울 것이라고 했지요. 그런데 가장 염두에 둔 것은 불쌍한 백성들이었어요. 어려운 한자를 알지 못해 억울한 일이 있어도 관청에 항의할 수도 없는 현실을 잘 알고 있었거든요. 도덕이 무엇인지 가르쳐 주지도 않고 착하게 살라고 한다거나, 어떻게 하면 벌을 받는지 알려 주지도 않고 벌을 내리는 것은 옳지 못하다고 여긴 것이지요. 한마디로 모든 백성을 품으려는 뜻이었어요.

한글은 어떤 특징이 있나요?

한글은 전 세계 남아 있는 문자 중 유일하게 누가, 언제 만들었는지 정확하게 알려져 있어요. 만든 사람과 그 시기가 알려진 문자가 여럿 있었지만 사용하는 데 불편함이 있어서 대부분 사라졌거든요. 오늘날 전 세계의 문자는 아라비아의 페니키아 문자와 중국의 한자, 이 두 계열로 나눌 수 있어요. 그런데 한글만이 이 두 계열 어느 쪽에 속하지 않는 독창적인 글자이지요. 한글은 자음과 모음을 조합해서 세상의 어떤 소리도 글자로 만들 수 있어요. 인도네시아에는 자신들의 말을 표기하는 데 한글을 사용하는 부족이 있을 정도랍니다.

한글이 반포되고 백성들은 어떻게 받아들였나요?

한글은 반포되자마자 널리 퍼지거나 바로 한자 대신 쓰이지는 않았어요. 조선 왕조가 멸망할 때까지도 양반들은 한자를 사용했지요. 대신 워낙 배우고 쓰기 쉬워서 여자들과 일반 백성들은 한글을 썼어요. 백성들에게 알려 주어야 하는 책은 한글로 펴냈고, 널리 알릴 말도 한글로 썼지요. 세종의 바람대로 불쌍한 백성들에게 우리 글자가 생겨 살기 편해졌다고 할 수 있어요.

5. 토지 제도를 개혁하다

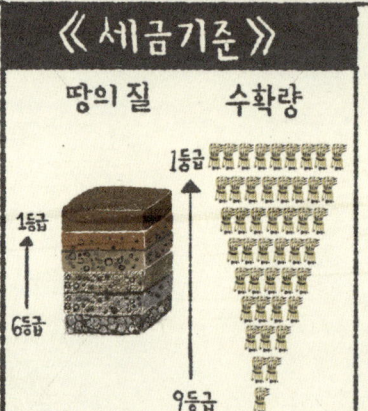

■ ■ ■

　한글 반포 문제가 한 단계 마무리되자 세종은 다른 문제에 눈을 돌렸어요. 20년 넘게 해결하지 못한 문제가 생각났어요. 바로 농사짓는 땅에서 세금을 걷는 법인 공법 문제였어요. 이것은 한글 창제로 삐진 관리들도 오래전부터 열성을 보였던 문제라 더 좋았어요. 그런데 한글 창제를 막으려고 너무 힘을 써서인지, 막상 공법 문제를 고민하라고 하자 별 관심을 보이지 않았어요. 결국 이 문제도 집현전 학사들의 몫이 되었지요.

　지금까지 공법은 논밭에서 나는 수확물의 10분의 1을 세금으로 내고, 예외적으로 손해를 심하게 본 사람은 조금 덜 내게 하였어요. 그런데 조사관이 농사가 잘된 곳과 안 된 곳을 맘대로 정하는 바람에 백성들이 손해 보는 일이 많았지요.

　그래서 노비와 여자, 아이를 제외한 백성들에게 찬성인지 반대인지 투표를 하도록 했어요. 세종은 '국민 투표'를 실시했던 거예요! 각 관아의 아전들이 집집마다 돌며 찬성인지 반성인지 묻고, 해당하는 곳에 동그라미를 했어요. 마침내 결과가 나왔어요. 최만리와 학사들이 세종에게 국민 투표의 결과를 보고했지요.

　"전 백성의 4분의 1인 17만여 명이 투표해, 전체를 100으로 치면 찬성 57, 반대 43가량이었습니다."

　"찬성이 더 많았다고는 하나, 반대와 큰 차이가 없어서 밀어붙일 수 없구나."

　세종은 절대 백성들이 원하지 않는 일은 하지 않겠다고 하셨어요. 원래 모든 일에 이렇게 시간을 끌었냐고요? 글자를 만들거나 북쪽 영토를 넓혀 남쪽 백성들을 이주시키는 일은 전혀 아니었어요. 속전속결! 반대가 거세도 결국은 나라에 도움이 될 일이기 때문에 밀어붙였죠. 하지만 세금 내는 문제는 이득을 보는 쪽과 손해를 보는 쪽 둘 다 있어서 함부로 결정할 수 없었어요.

　법을 고치지 못하고 십수 년이 넘게 흘렀어요. 황희 같은 나이 많은 관리는 고치지 말자고 했고, 최만리나 집현전의 젊은 학사들은 고치자고 주장했지요. 아무래도 낼 세금이 별로 없는 관리들이 공법을 처음 논의할 때부터 서둘러야 한다고 외쳐 왔어요. 이들은 이개 학사가 공법 연구를 같이 하자고 하자 너도나도 뛰어들었어요. 그 결과를 임금에게 보고했지요.

"전라도나 경상도처럼 농토가 많은 지역은 전체가 찬성하다시피 해서 일단 그 지역만 실시하는 것으로 했습니다. 생산량이 얼마 안 되는 함길도(오늘날 함경북도와 함경남도)와 평안도는 보류해 두었습니다."

"그럼 실시하는 도와 안 하는 도를 차별한다고 할 텐데?"

"그래서 저희 집현전에서 자료를 분석하고 연구했지요. 그 결과 생산량이 얼마 안 되는 지역은 세금을 더 줄여 주면 될 듯합니다."

"드디어 오랫동안 고민하던 일이 해결되는구나. 그동안 백성들을 배불리 먹이기 위해 날씨를 예측할 과학 기구를 만들고, 농토를 늘릴 방법을 마련하고, 농사 기술을 발전시켰다. 그래도 맘에 안 놓이는 게 세금이었지."

곁에서 듣던 신하 하나가 걱정스런 얼굴로 거들었어요.

"전하께서는 백성들을 지나치게 걱정하시는 게 흠입니다. 여자 노비들에게 출산 휴가 줘, 옥살이하는 죄수들에게 여름 겨울로 신경 쓰게 해, 버려진 아이들을 보살피게 해, 그러시고도 세금까지 걱정하시다니요."

"맞습니다. 지난번 흉년으로 백성들을 걱정하시느라 며칠 밤을 새시는 바람에 옥체가 또 상했습니다. 세금은 많이 거두면 나랏일에 쓸 수 있어 좋으니 너무 고민하지 않으심이……"

그동안 공법을 실시하지 못한 것은 땅을 많이 가진 저런 반대하는 대신들이 많아서였어요. 그들은 지방 관리들을 꼬여 땅의 질이 안 좋은 척, 흉년이 든 척해서 세금을 조금만 내고, 힘없는 백성들이 떠안게 했지요. 그런데 공법이 실시되면 원칙대로 해야 하니 불리해진 거예요. 대신들의 말을 무시하고 싶은 세종의 속마음을 알고 이개가 말했어요.

　세종은 특별 임시 기구인 전세 상정소를 세우고, 나랏돈을 관리하는 호조와 집현전 학사들에게 확실하게 매듭을 지으라고 명령했어요.
　이번 일의 최고 책임자도 정인지가 되었어요. 그 밑에서 이개와 다른 학사들은 백성들에게 가장 부담이 적으면서도 합당한 방법을 찾아보았어요. 학사들은 각 지방 관청에 사람을 보내 의견을 다시 묻고, 실제로 등급을 나누면 어떻게 될지 자세히 조사하도록 했어요. 결과가 모두 올라오고 연구를 마친 날, 이개가 정인지에게 의견을 내놓았어요.

"등급을 나누라는 전하의 말씀은 훌륭합니다. 다만 풍년과 흉년의 정확한 기준이 생길 때까지 세 등급 정도로만 나누어 시행해야 한다고 봅니다."

"맞네. 전하는 현장에 맞게 적용하는 것을 중요하게 생각하시지."

이개는 연구 과정과 결과를 자세히 적고, 전국적으로 등급을 나누어 세금을 거두어도 되는 때를 정리해 보고를 올렸어요. 세종은 자세히 살펴보고는 그렇게 하라고 결정을 내려 주었고요. 수고했다며 집현전에 귀한 음식과 술을 보내는 일도 잊지 않으셨지요. 그런데 이 음식과 술이 일종의 뇌물이었어요. 또 맡길 임무가 있었기 때문이지요.

"공법을 반대하던 대신들이 나에게 털어놓았다. 《농사직설》도 있고, 측우기, 간천의도 있어 농사에 도움이 되지만 정확한 달력이 없이는 생산량을 더 늘릴 수 없다고 말이다. 생산량이 더 늘어야 새로운 공법에 따라 기꺼이 세금을 내겠다나?"

세종의 말은 곧 우리 달력을 내놓으란 뜻이었어요. 수학을 담당한 학사로서, 농토를 정확히 측정하느라 고생했던 김담이 이개 옆에 있다가 펄쩍 뛰었어요.

집현전 Tube KR

조회수 11,013,005회 　👍 350만　👎싫어요　↗공유　⬇오프라인저장　≡+저장 …

 **공법이 새로운 세금 제도라면 그 전에는 어땠나요?**

 옛날에는 국토 대부분이 나라 땅이었어요. 백성들이 그 땅에서 농사짓게 하고 수확물에서 10분의 1 정도를 세금으로 내게 했지요. 수확량이 많으면 10분의 1이 별거 아니지만 적으면 큰 부담이었어요. 세종 전에는 지방 관리가 땅의 질이나 농사가 얼마나 잘 지어졌는지 따져, 손해가 심하면 덜 내게 하고 그렇지 않으면 더 내게 했지요. 그런데 조사하는 사람마다 평가가 다를 수밖에 없고, 같은 사람이라도 다른 의견을 내기도 해서 문제가 많았어요.

 새로운 공법은 무엇인가요?

 땅의 질에 따라 6등급으로 나누고, 그해 풍년과 흉년 정도에 따라 9등급으로 나누어서 각 등급에 해당하는 만큼만 내도록 하는 법이에요. 아주 세세하게 여러 등급으로 나눈 만큼 정확히 매길 수 있었지요. 그 결과 원래 10분의 1정도 내던 것이 약 20분의 1 정도로 줄었다고 해요.

새로운 공법을 실시하기 위해 무슨 조사를 했나요?

백성들에게 새로운 법이 좋은지 싫은지 의견을 물었어요. 전체 인구의 4분의 1 정도를 조사하여 찬성과 반대를 가렸지요. 각 관청의 관리들이 집집마다 돌아다니며 응답 내용을 표시했고요. 이는 우리나라 최초의 여론 조사라고 할 수 있어요. 민주주의가 빨리 시작된 미국이나 유럽의 경우도 1800년대에나 이런 조사가 처음으로 실시되었다고 하니, 거의 400년이나 앞선 기록이에요.

새로운 공법을 실시하기까지 오래 걸렸다고 하는데 어떤 과정이 있었나요?

1427년에 처음 논의되고 1430년에 여론 조사를 했어요. 거의 14년간 몇 차례에 거쳐 찬반 투표를 하고, 보완해 가면서 그 방법이 맞는지 계속 따져 보았지요. 마침내 틀림없이 백성에게 이익이라는 결론이 나오자 시행하게 되었어요.

새로운 공법이 중요한 이유는 무엇인가요?

백성들이 내야 하는 세금을 반 이상 줄였음에도 나라 전체의 조세는 늘어 모두에게 합당한 제도가 되었어요. 그동안 농사 기술을 발달시켜 수확량은 물론 농토도 몇 배나 늘렸기 때문이지요. 가장 큰 의미는 국민 투표로 결정된 공법이 조선의 법전인 《경국대전》에 그대로 담겨, 500년 내내 세금의 중요한 기틀이 되었다는 것이지요.

6.

조선의 역법을 개발하다

◆ 주요 인물: 김담
◆ 출생과 사망: 1416~1464년
◆ 경력: 집현전 학사, 서운관 최고 책임자
◆ 특기: 수학, 천문학
◆ 특이 사항: 15세부터 천체 관측, 해와 달 기울기 계산, 농토 측정

■ ■ ■

　새로운 공법에 따라 공평하고 정당하게 세금을 내게 되었어요. 나라의 보호를 받는 백성으로서 세금을 내는 것은 당연한 일이지만, 세금을 많이 내고도 먹을 것이 넉넉하게 남는다면 더 바랄 게 없었겠지요. 세종은 이 마음을 잘 알고 있었어요. 집현전 학사들은 그런 세종에게 '백성이 나라의 근본이고, 백성의 하늘은 밥이다'라는 말을 귀가 닳도록 들었어요. 그토록 중요한 백성들이 원하는 것은 넉넉한 식량이니 나라에서 그것을 보장해 주어야 한다는 뜻이지요. 그러니 임금과 관리들의 가장 중요한 임무는 백성들의 농사가 잘되게 하는 것이었어요.

　농사를 지어 세금을 내고도 먹을 것이 많이 남으려면 수확량이 많아야 해요. 농사 기술도 좋아야 하지만 핵심은 날씨예요. 벼를 심으려면 물이 많아야 하니 비가 와야 해요. 벼를 수확하면 껍질을 까기 위해 바닥이 바짝 말라야 하니 비가 오면 안 되지요. 즉 비가 올지 해가 날지 잘 알아야 해요. 1년 동안 대충 어느 시기에 비가 자주 오고, 어느 시기에 맑은 날이 계속되는지, 일식과 월식은 언제 일어나는지 등을 알려 주는 책이 책력이에요. 책력에서 오늘날의 달력이 나왔어요.

　세종 이전에는 중국의 역법에 따라 책력을 만들었어요. 역법이란 해와 달, 행성 같은 천체의 규칙적인 움직임을 살펴 계절과 날짜, 시간을 계산하는 방법이에요. 역법에 따라 한 달이 며칠이고, 일 년이 몇 달, 며칠인지 정한 것이죠. 그러니 역법은 말 그대로 '책력을 정하는 방법'이라고 할 수 있

어요.

 그리고 태양의 움직임에 따라 1년을 24개로 나눈 절기를 정했어요. 이 절기를 보고 농사지을 때를 알 수 있지요.

 그런데 세종이 누구입니까? 중국의 역법에

따라 만든 책력이 영 만족스럽지 못했어요. 하늘을 관측해 날짜를 계산해야 하는데, 중국 땅에서 보는 하늘과 우리 땅에서 보는 하늘은 다를 수밖에 없으니까요. 세종은 우리만의 역법이 필요하다고 생각했어요.

김담과 이순지에게 이 임무가 떨어졌어요. 모두가 잘 아는 장영실이 천문 기구나 무기 등을 만드는 기술자라면, 이순지와 김담은 그 기초가 되는 이론을 연구하는 사람입니다. 이순지는 당대 최고의 과학자, 김담은 최고의 수학자이지요. 특히 김담은 집현전 학사이자 세자가 공부하는 서연에 참여하는 핵심 서연관 중 하나로, 당대 최고의 두뇌라고 할 수 있어요.

　세종이 급하게 왕자들의 입을 막았어요. 어디서 많이 본 장면이에요. 한글을 만들 때도 그랬죠. '우리만'의 뭔가를 만들 때는 늘 그렇다니까요. 그도 그럴 것이 이 시대 달력을 만드는 것은 하늘의 아들인 황제만 할 수 있다고 믿었어요. 당시 중국의 왕을 황제 또는 천자(하늘의 아들)라고 했어요. 주변 나라들의 왕은 황제라고 할 수 없고 왕이라고만 칭할 수 있었지요. 하늘에 제사를 지내고, 하늘을 살피는 일은 황제의 특별한 권한이었어요. 주변의 왕들은 황제가 내린 뜻을 받기만 해야 했어요.

　세종은 조선이 땅덩어리가 작아서 그렇지 문명은 중국 못지않다고 보았어요. 우리 글자도 만들었는데 우리만의 역법이 없어서는 안 된다고 했지요. 그러나 명나라 눈치를 보다가 벌써 10년이라는 세월이 흘렀어요. 세종

은 더 이상 미루지 않기로 했어요. 역법을 만드는 데 일손이 부족하지 않도록 서운관 인원을 20명에서 60명으로 늘렸어요. 책임자로는 정인지를 앉혔지요. 서운관은 천문을 관측하던 곳이에요.

김담과 이순지는 이전 자료를 모두 끄집어냈어요. 원나라 때 전해진 달력 계산법에, 아라비아에서 쓴다는 새로운 달력 계산법까지 다시 훑어보더니 뭔가 계산이 안 맞는다며 고개를 갸웃댔지요. 이순지가 물었어요.

"지난 몇 년간 간의대 관측을 정리했는가?"

한 치라도 어긋나는 것을 절대 못 참는 김담이 안 했을 리가 없었어요. 그는 간의대에서 하늘을 관측한 것을 모두 기록해 다시 분석했어요.

다른 집현전 학사들이 두 사람의 연구 모습을 구경하러 왔다가 고개를 절래절래 흔들며 가 버렸어요.

"저 두 사람 말은 당최 알아들을 수가 없다니까? 아니 대체 해와 달의 위치를 어찌 알아내며 그것으로 어찌 1년 열두 달 날짜를 계산하나?"

이순지와 김담은 모든 연구 결과를 책으로 써냈어요. 계산하느라 손가락을 연신 짚어 대고 입으로는 중얼거리며 눈은 하늘을 보았어요. 밥 먹는 것도 잊고 하루 종일 씨름하는 모습이 안타까울 지경이었지요.

"전하, 한양을 기준으로 해가 뜨고 지는 시각을 예측할 수 있게 되었습니다. 이제 해가 빛을 잃는 일식도 정확히 계산할 수 있습니다."

이제 조선만의 역법이 완성되었어요. 완성된 역법을 기록한 책의 이름이 《칠정산》 내편과 외편이지요. 그리고 역법에 따른 달력을 책으로 묶어 책력을 펴냈어요. 책력에는 1년 24절기를 적고, 절기마다 어떤 농작물을 심고 언제 씨를 뿌리거나 거두어야 하는지 설명했어요. 조선 농부라면 모두 이 내용을 보고 농사를 지어야 했기 때문에, 책력은 이후 가장 많이 팔린 책이라고 할 수 있어요.

그로부터 3년 후 세종과 관리들이 모두 상복을 입고 궁궐 마당에 섰어요. 모두 조마조마한 마음으로 해가 사라지는 것을 바라봐야 했어요. 해가 사라진다는 것은 태양, 달, 지구가 일렬로 놓이면서 태양빛이 달에 완전히 가려지는 개기 일식을 말해요. 옛날에는 일식이 자연 현상이라는 것을 몰랐어요. 해는 왕을 상징하기 때문에, 해가 빛을 잃는 것은 하늘이 임금에게 내리는 경고라고 여겼지요. 그래서 정확한 시각을 예측해 장례식 때 입는

옷을 갖추고 하늘에 잘못을 비는 의식을 올렸어요. 이때 정확한 시각을 맞추지 못하면 왕이 제대로 반성하지 못했다는 뜻과 같았어요. 그러니 시간 계산은 무척 중요했지요.

"해가 빛을 잃는 시각은 음력 8월 1일 신정 3각 50초입니다."

둥둥둥!

그 시각이 다가왔어요. 하! 달이 해를 잡아먹듯 조금씩 덮었지요. 오랜 시간에 걸쳐 해가 점점 달에 가려지기 시작하더니 완전히 빛을 잃었어요. 정말 그 시각이 딱 맞지 뭐예요? 깜깜해지자 신하들이 등불을 켰고, 정확한 시각을 맞춘 것에 모두 환호했지요.

세종이 기쁨에 넘쳐 박수를 치고 큰 소리로 외쳤어요.

"되었다! 이제 우리도 정확한 역법을 갖추었어. 하늘이 내린 경고를 정확히 예측할 수 있으니 무서울 게 없다. 다만 전염병은……."

집현전 학사들은 새로운 임무가 떨어질 것이라는 예감에 주춤주춤 물러섰어요. 옛말에 '호환 마마보다 무섭다'는 게 있는데, 여기서 마마가 바로 전염병의 한 종류예요. 호환은 호랑이의 습격을 뜻하고요. 엄청나게 무섭다고 할 때 빗대던 말이니, 예로부터 전염병을 얼마나 두려워했는지 알 수 있지요. 호랑이는 잡으면 된다지만 전염병을 어떻게 잡아요, 어휴.

조회수 11,013,005회 👍 350만 👎싫어요 ↗공유 ⬇오프라인저장 ≡+저장 ···

칠정산은 무엇이고 누가 만들었나요?

칠정산은 태양계의 일곱 가지 천체를 계산한다는 뜻입니다. 태양계의 태양과 달, 행성의 위치를 관측해, 일 년과 한 달을 정확하게 계산해 낸 달력 계산법이지요. 《칠정산》 내편과 외편은 이를 기록한 책으로 이순지와 김담이 함께 썼어요. 세종과 정초 등이 과학 이론 전반을 다루었다면 장영실은 실제 기구를 제작하는 기술자였고, 이순지와 김담이 수학과 천문학을 담당한 학자라고 할 수 있어요. 천문학에서 가장 중요한 것은 계산법인데, 세종은 왕위에 오르자마자 천문학에 관심을 두고 수학자를 길러 내는 한편, 자신도 공부했어요. 그렇게 길러 낸 인재들이 바로 이순지, 김담이었지요.

달력은 언제부터 썼고 칠정산 전의 달력은 어땠나요?

달력은 삼국 시대부터 썼어요. 고려 시대에는 원나라 등에서, 조선 시대에는 명나라에서 받아 썼지요. 조선은 해마다 동지 때 동지사라는 사신단을 보내 중국 황제에게 인사를 하고 선물로 달력을 받아 왔어요. 달력을 받는다는 것은 그 지배를 받는다는 것을 의미했지요. 그런데 우리만의 역법, 칠정산이 완성된 거예요. 조선의 한양을 기준으로 한 역법 말이지요. 당시 전 세계에 역법을 가진 나라는 아라비아와 중국, 조선, 이 셋뿐이었으니 우리 과학 기술이 얼마나 대단했는지 알 수 있지요.

칠정산의 달력 계산법은 지금과 비교해 정확한가요?

1년과 한 달의 날짜 계산이 소수점 넷째 자리까지 맞을 만큼 정확했어요. 단순히 계산을 잘해서가 아니라 간천의, 혼의 등 과학 기구의 발전과 수학, 천문학 등 학문 발달이 이루어 낸 대단한 결과물이었어요. 오늘날 학자들은 조선 과학 발전의 최고 산물로 《칠정산》 내·외편을 꼽기도 하지요. 안타까운 것은 세종이 세상을 떠난 뒤 과학 분야에 관심이 줄어들어 이후 전혀 발전을 보이지 못한 점이에요.

7. 전염병을 잡다

◈ 주요 인물: 유효통
◈ 출생과 사망: ?~?
◈ 경력: 집현전 학사, 직제학
◈ 특기: 의학 연구

■ ■ ■

　세종은 천문학, 의학, 외교, 군사 등등 사람이 할 수 있는 것은 조금이라도 나아질 수 있으면 모두 해 보았어요. 몇십 년이 걸려도 기초부터 차근차근 밟아 결국 발전을 이루어 냈지요. 문제는 사람의 힘으로는 안 되는 일도 있다는 것이죠.
　"전하, 지금 평안도 지역에 전염병이 돌아, 죽거나 앓는 백성들이 많습니다."
　오늘 조정 회의 때 올라온 보고에 세종은 화들짝 놀랐어요. 이런 소식에 '매우' 놀라는 것이 우리 임금의 특성이지요. 백성들이 상했다는 소리에 늘 예민하시거든요. 그 다음 단계는 이 문제를 해결할 집현전 학사들 찾기.

98

전염병이 더 이상 번지지 않게 할 방법을 내놓으라는 거지요. 집현전 학사 유효통은 그동안 약초 자료를 많이 모아 왔어요. 치료법만 연구했지 전염병을 막는 일은 깊이 조사한 적이 없어 난감했지요. 유효통과 다른 학사들은 집현전에 돌아가 책을 찾아 가며 머리를 맞대었어요.

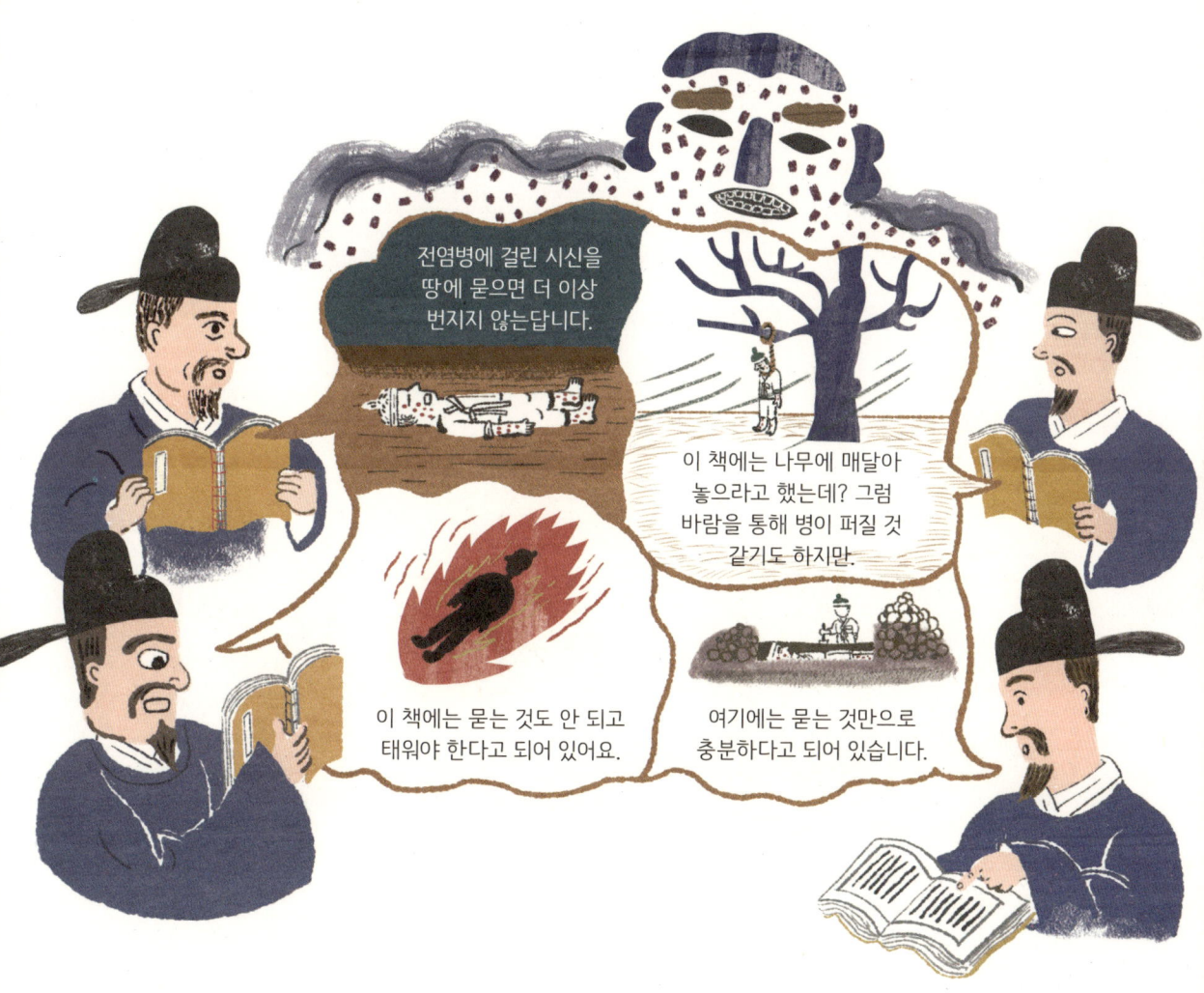

아무래도 땅에 묻는 것으로 의견이 모일 것 같아요. 시신이 너무 많아 태우는 것도 큰일이니까요. 태울 장작도 구하기 힘들고 그 냄새도 지독하겠지요. 학사들은 자료를 더 찾아보고 보고를 올렸어요.

보고서
1. 전염병으로 죽은 시신은 모두 모아 땅에 묻어야 합니다.
2. 환자로 의심되면 다른 사람들과 떨어뜨리고 어려운 백성들은 활인서에 따로 모아 치료합니다.
3. 환자들은 가족과도 따로 지내고, 아직 걸리지 않는 사람끼리도 모이지 말아야 합니다.

그러자 집현전 학사들의 보고를 들은 세종이 명령을 내렸어요. 될 수 있으면 모이지 말고, 병이 조금이라도 의심되면 집에 머물라고 했지요. 또 모여 공사를 하는 곳이 있다면 모두 중지하도록 했어요.

임금의 명에 집현전 학사인 유효통이 덧붙였어요.

1. 환자를 대할 때는 천으로 코와 입을 가려야 하고,
2. 이왕이면 참기름 같은 것을 코에 바르면 좋습니다.
3. 병에 걸렸든 아니든 손은 자주 씻어야 하고요.

각 관청은 일일이 찾아다니며 백성들에게 알려라.

자기 전에, 일어나서는 꼭 코에 참기름을 바르고 급하면 종이를 코에 넣어 재채기를 해, 병균을 빼내도록 하라. 또한 전염병이 휩쓸어 굶어 죽을 지경에 놓인 사람들에게는 관아에서 찾아다니며 먹을 것을 임시로 나눠 주도록 하라.

세종이 명을 내린 뒤 유효통을 가만히 쳐다보았어요. 말을 하지 않아도 알 것 같았어요. 예전부터 써 오던 책을 빨리 완성하라는 뜻이었지요. 아주 오래전부터 세종은 우리 땅에 맞는 약초와 그 효능을 적은 책을 만들라고 했어요. 고려 시대에 쓰인 《향약구급방》이 있었지만 중국의 것을 그대로 쓴 부분이 많아, 우리 땅에서는 약초를 구하기 힘들었거든요. 세종이 꼭 확인해야겠냐는 투로 입을 열었어요.

101

"약초는 병에 꼭 필요하지만 정확하게 쓰지 않으면 독이 될 것이다. 중국 땅에서 나는 약초와 우리 땅의 약초는 생긴 것은 같아도 효과가 다를 수 있고, 생긴 것은 달라도 효과가 같을 수 있을 것이다. 그래서 사신단을 따라가 확인해 보라고 했지. 그 결과가 나왔는고?"

"명에 갈 때마다 가져가 확인했습니다. 중국의 약초를 대신할 우리 약초가 있는지 하나씩 찾아내고 구분해 냈지요. 그것을 연구한 책을 써서 올리겠습니다."

유효통은 자신만만하게 대답했지만 시간이 문제였어요. 백성을 생각하는 임금의 마음이 얼마나 큰지 알기 때문에 빨리 만들어 올리고 싶었어요. 고생 끝에 드디어 《향약집성방》이라는 책이 나왔어요. 우리 땅에서 나는 약초와, 그것으로 어떤 병을 치료하는지 적은 책이었지요. 집현전 학사 권채가 책의 머리말에 이렇게 썼어요.

그러니까 우리 땅에 널린 약초를 두고 중국 약초만 찾다가는 병을 치료 못한다는 말이에요. 집현전 학사 유효통이 보고를 올렸어요.

"전하, 고려 때의 《향약구급방》이 3권인데 비해 이번 책 《향약집성방》은 총 85권입니다. 《향약구급방》은 54개의 처방법을 담고 있으나, 이번 책에는 1만 700여 개의 처방법이 실려 있고요."

"잘했소. 실로 100년 만에 나온 약학책인데 정말 놀라운 발전을 보여 주었소. 이제 백성들이 약초를 구하지 못해 병들어 죽어 가는 일이 줄어들게 되었으니 내 참으로 기쁘오."

임금이 활짝 웃는 것을 보고 다른 집현전 학사들도 연구에 몰두했어요. 《벽온방》이란 책을 지어 전염병의 원인과 치료법을 널리 알렸지요. 다시 전염병이 돌더라도 이 책을 보며 각 관아에서 대처하고, 사람들도 병을 옮기지 않게 행동하라는 뜻이었어요.

10년이란 시간이 흘렀어요. 여전히 병을 치료하지 못해 죽어 가는 백성들의 소식을 듣고 세종은 가슴 아파했지요. 하지만 혼자 생각만 하고 차마 입 밖으로 내지는 못했어요. 다들 할 일이 너무 많은 것을 알기에 미안했거든요.

그 후 몇 년 동안 집현전 학사들이 다시 작업에 들어갔어요. 임금이 약학책에 만족하지 못하고 의학책만 찾아 댔기 때문이지요. 김예몽을 비롯한 집현전 학사들은 지금까지 나온 세상의 모든 치료법들을 모아 분류했어요. 유효통이 했던 것을 기억해 내며 자신들도 비슷하게 해내려고 노력했

지요. 일이 많기는 진짜 많았어요. 의학만 기록한 책도 있지만 역사책이나 누군가의 일기 혹은 여행기 등등 온갖 책에도 병을 치료한 기록이 없는지 찾아보았기 때문이지요.

어느 날 새벽, 세종이 조용히 집현전을 찾아왔어요. 문 밖에서 불이 켜진 연구실에 귀를 기울였지요. 학사들이 의학책을 만들고 있다는 것을 듣고 씩 웃으며 돌아갔어요. 다음날 학사들이 보고서를 올렸어요.

"전하, 그동안 중국과 조선에 있는 모든 의학책 153종을 묶어 새로 책으로 만들었습니다."

"오호, 이제 이 책만 있으면 나도 증세를 찾아 해결할 수 있는가?"

"침을 놓고 정확히 맥을 짚어야 하기 때문에 그건 곤란할 듯합니다. 기본기가 있는 의원들이 본다면 가능하겠지요."

"어쨌든 잘되었다. 십수 년 전에 《향약집성방》을 만들고도 늘 뭔가 허전했다. 약초로 치료할 수 없는 병이 엄청 많으니. 모름지기 모든 학문과 문화를 세계 최고로 만들고자 하는 내 꿈에 부응하려면 그 정도의 의학책은 있어야 하는 법."

옆에서 듣던 김예몽이 한마디했어요.

"전하, 저 김예몽을 비롯해 집현전 학사들의 눈이 몹시 안 좋아졌습니다. 저희를 좀 쉬게 해 주심이……."

"그토록 많은 책을 뒤졌으니 그렇겠지. 그런데 그렇게 많은 자료를 봤으면서 본인들의 눈을 좋게 할 방법을 찾지 못했나? 어쩌면 더 연구해야겠군. 이왕 하는 김에 자료를 더 모아 보게. 의학 분야를 다 찾았으면 역사 분야를 찾아보도록 하고."

갑자기 의학에서 역사로 뛰다니 무슨 말일까 모두 놀랐어요. 모두가 속으로 외쳤지요.

'갑자기요?'

1000만

▶ 집현전 Tube ᴷᴿ

조회수 11,013,005회   👍 350만 👎싫어요 ↪공유 ⬇오프라인저장 ☰저장 ⋯

《향약집성방》의 '향약'은 무슨 뜻인가요?

향약이란 고향, 본토의 약이란 뜻이지요. '향'이 붙으면 다른 나라와 대비된 우리나라란 뜻입니다. 중국 책만 보고 배운 의원들이 약초가 없어 제대로 치료하지 못하는 경우가 많았는데, 이를 안타깝게 여겨 우리 약초의 효능을 모두 확인하여 기록한 것입니다. 중국에서 쓰인 약초는 모두 빼고 조선에 나는 약초만 포함되어 있지요.

《향약집성방》은 누구를 위한 책인가요?

이 책은 의원들도 보지만 주된 대상은 양반이 아닌 일반 백성들입니다. 백성들이 아플 때 주변에서 나는 약초를 찾아내 약으로 쓰라는 뜻이었지요. 그래서 나중에 한글이 만들어지고 일반 백성들도 읽을 수 있도록 《향약집성방》 언해본이 나왔어요. '언해'는 '한글로 해석한'이라는 뜻이에요.

《의방유취》는 중국과 조선의 의학책 153종을 묶었다고 했는데 모두 몇 권인가요?

 《의방유취》는 처음에 365권이었다가 나중에 줄여 266권이 되었어요. 당, 송, 원, 명나라의 주요 의학 서적도 정리해 두었는데, 여기에는 중국 현지에서 사라진 40종도 포함된 아주 중요한 자료예요. 즉 역사적으로 내려오는 최대 의학 백과사전이라고 할 수 있어요.

 《의방유취》는 바로 책으로 나왔나요?

 《의방유취》는 세종 때 만들어졌지만 책으로 인쇄된 것은 성종 때였어요. 그러다 임진왜란 때 일본 장수가 약탈해 갔어요. 몇백 년 후 일본에서 다시 출판되었다가 1876년 일본과 수교하면서 돌려받았지요. 《향약집성방》, 《의방유취》 그리고 광해군 때 완성된 《동의보감》은 오늘날 우리나라 3대 의학책으로 불려요.

8. 역사서를 편찬하다

- ◆ 주요 인물: 박팽년
- ◆ 출생과 사망: 1417~1456년
- ◆ 경력: 집현전 부제학
- ◆ 특기: 언어, 경전, 역사 등 모든 분야 전문
- ◆ 특이 사항: 문장, 논설, 시문학 등 골고루 뛰어나 별명이 '집대성'임.

■ ■ ■

집현전이 시끄러워졌어요. 평소에 책만 보느라 쥐 죽은 듯했는데 '역사'라는 한마디에 다들 마음이 뒤숭숭해졌거든요.

"아니, 책이야 수시로 만들어 왔는데 새삼 또 무슨 책들을 펴내라는 거요?"

"전하께서 왕위에 오른 지 30년 가까이 흐른 지금, 마음먹은 것들을 하나씩 해결해 대부분 이루셨어요. 그런데 역사서 편찬 하나가 걸리신 모양입니다."

"그렇긴 해요. 고려의 역사가 잘 정리되어야 조선도 제대로 기초를 쌓을 수 있다고 늘 강조하셨지요. 그런데 고려사를 펴낼 때마다 계속 문제가 있었으니……."

그때, 박팽년 학사의 눈이 유난히 빛났어요. 다른 부서로 옮겨서 유용한 일을 해 보고 싶다는 생각이 든 적도 있었지만, 그래도 책이 답이다 싶었어요.

'세상일이 만 가지라면, 만 가지 자료를 쌓아 두어야 한다. 그래야 세상이 발전하고 백성들은 조금이라도 더 잘살게 되는 법이지.'

임금과 집현전 동료들은 박팽년을 두고 여럿을 모아 하나로 이루어 낸다는 뜻의 '집대성'이라고 불렀어요. 모든 방면에서 뛰어나 저마다 잘났다고 자부하는 집현전 학사들도 늘 혀를 내두를 정도니까요.

"누구는 문장은 좋은데 시는 좀 부족해, 누구는 경서 해석은 잘하는데

문장을 잘 쓰진 못하지. 누구는 상소문은 끝내주게 쓰는데 정감 있는 글은 못 쓰고. 박팽년만이 그 모든 것을 해내는 사람이야."

　세종도 그것을 잘 알고 있었어요. 세자가 공부하는 것을 보러 왔다가 열심히 가르치고 있는 박팽년을 보고 한쪽으로 불렀지요.

　"요즘 작업이 잘 되고 있는가?"

　"그럭저럭……"

　"고려의 역사가 말이지……"

'고려 역사'라는 말에 박팽년의 심장이 덜컥 내려앉았어요. 고려 역사서는 조선이 세워진 직후부터 편찬하고자 애를 썼지만 매번 문제가 생겨 세상 밖으로 나오지 못했거든요. 세종은 늘 안타까워했어요.

"왜 번번이 해내질 못하는 건지……."

조선이 세워지고 어느 정도 시간이 지나 안정되자, 조선 임금들은 대대로 반드시 완성해야 할 중요한 일이 남았다고 생각했어요. 바로 이전 왕조인 고려에 대해 확실한 정리가 필요했던 것이지요.

사실 이전 왕들도 조선이 세워진 후 몇십 년에 걸쳐 고려사를 완성하려고 여러 번 시도했어요. 하지만 사실과 진실을 중요시하는 세종의 눈에 차는 것이 없었어요. 태조 때 정도전이 쓴 것은 조선 건국이 꼭 필요했다고 강조하기 위해 고려를 너무 좋지 않게 그렸다고 생각했어요.

정도전과 다르게 써 보려고 해도 문제가 있었어요. 고려는 중화사상을 따르지 않았어요. 그래서 명나라에 거리낌 없는 용어들을 많이 썼는데, 역사서를 쓰려는 신하들은 명나라의 눈치를 보며 그 용어를 바꾸려고 했어요. 또 어떤 신하는 고려 때 나쁜 짓을 했던 자기 조상을 은근슬쩍 바꿔 쓰기도 했고요.

다른 것도 아니고 역사책인데, 잘못된 사실을 쓰는 것은 참을 수가 없었던 세종은 다 그만두라고 했지 뭐예요. 세종은 그때 생각이 나서 이를 바드득 갈았어요.

"고려사를 쓰려고 몇 번이다 시도했다가 실패했는지 자네도 알지? 이번에는 절대 그런 일이 있어서는 안 될 것이야. 역사란 사실 그대로를 절대 거짓 없이 쓰는 것이네. 입은 삐뚤어져도 말은 반드시 바로 하는 박팽년! 자네를 믿겠네."

구구절절 부탁하기에 갑자기 떠올린 생각인 줄 알았어요. 그런데 알고 보니 세종은 이미 높은 벼슬에게 고려의 역사 정리를 진두지휘하도록 시켰지 뭐예요. 이번에야말로 확실한 고려사를 써 내리라는 큰 그림을 그린 뒤였지요.

박팽년은 김종서나 정인지 같은 정승들이 내려다보고 있으니 대충 할 수 없는 일이었어요. 역사 정리에 참가한 박팽년이 이렇게 제안했어요.

새로운 방식으로 역사를 기록한다는 보고에 세종이 고개를 갸웃댔어요. 하지만 신하들이 자세히 설명하고 설득하자 그렇게 하자고 하였지요.

박팽년은 연구를 같이 하던 동료들과 매일 밤을 새다시피 했어요. 그동안 엄청난 양의 중국 역사책을 모두 해석하고 다시 펴낸 보람이 있었어요. 그때 공부한 것을 기초로 고려의 역사도 쓸 수 있었지요.

"저 친구들도 같이 하자고 하는 게 어떤가?"

"저쪽은 지리지를 만들고 있다네. 저기는 문학책을……."

각자 맡은 일이 너무 많아서 학사들 모두 불러 올 수는 없었어요. 어쩔 수 없이 일을 나누어 맡기로 했어요.

"네다섯 명씩 나눠서 하세. 우리는 중요한 사건들을 맡을 테니 자네들은 인물들을 맡게."

"그럼 우리는 다 쓴 것을 정리하고 고치는 일을 하지요."

이미 몇 번이나 고려사 책을 펴낼 뻔했기 때문에 할 일이 뭐 있겠냐고 생각할 수도 있지만 오산이에요. 세종이 고려 역사의 내용이 적다며 더 많은 내용을 담으라고 했거든요. 신하들을 쩔쩔매게 하는 것은 임금이 역사를 알아도 너무 잘 안다는 것이었어요.

세종은 수시로 박팽년을 불러 물었어요. 직접 올 수 없었던 것은 몸이 부쩍 안 좋아서 움직이기 힘들었기 때문이에요. 박팽년은 거의 앞을 보지 못하는 임금이 너무 걱정돼서 눈물을 몰래 훔치기도 했어요. 성의껏 대답을 하면서도 가슴은 천근만근 무거웠지요.

그러던 어느 날 하늘이 무너지는 듯한 소식이 들려 왔어요.

"큰일 났네. 전하가 승하하셨어! 흑흑."

"아이고, 전하!"

모든 신하들이 정신을 잃을 만큼 슬퍼하였지요.

박팽년과 집현전 학사들은 그 후에도 하던 일을 계속하였어요.

"전하가 가장 바라시던 일이야. 공정한 역사책."

결국 2년 만에 《고려사》가 나왔어요. 고려의 역사를 최대한 모아서 정리하되 사실만을 기록했지요. 《고려사》는 세종이 돌아가신 후 나왔지만, 그의 바람을 그대로 담은 책이었어요.

집현전에서 정말 수많은 책이 나왔지만 세종이 가장 바라 온 일이자 집현전이 왜 있어야 하는지 알려 주는 결과였지요. 집현전 학사들은 돌아가신 임금을 떠올리며 책을 바쳐 올렸어요.

1000만

▶ 집현전 Tube ᴷᴿ

조회수 11,013,005회 👍 350만 👎싫어요 ↗공유 ⬇오프라인저장 ≡+저장···

고려의 역사를 정리한 책을 펴냈다고 하는데 다른 시대는 없었나요?

고려 이전의 고구려, 백제, 신라의 역사에 관한 책에는 고려 시대에 김부식이 쓴 《삼국사기》가 있었어요. 세종 때 《고려사》가 나왔고, 조선 후기에 실학자 유득공이 발해의 역사를 쓴 《발해고》도 있지요.

세종이 《고려사》를 편찬하려고 그렇게 애쓴 이유는 무엇인가요?

세종이 고려의 역사를 정리하고자 했던 이유는 고려라는 나라를 정확히 밝힘으로써 조선이 어떤 나라인지 알 수 있도록 하기 위함입니다. 이전 왕조가 어땠는지 잘 알아야 조선이 어떻게 나아가야 하는지 깨달을 수 있기 때문이지요. 세종은 역사책을 무척 좋아해서 왕이 되자마자 경연을 하는데 《자치통감》이라는 중국 역사책을 읽자고 했어요. 신하들이 너무 어렵다고 했지만 한사코 밀고 나갈 정도였지요.

집현전의 주된 기능이 책을 연구하고 새로 펴내는 것이라고 했는데 주로 어떤 책이 나왔나요?

 세종 때 집현전 학사들의 손에서 80여 가지 책이 나왔어요. 역사, 지리, 과학, 국방, 예술 등 모든 분야를 통튼 것이었지요. 그중 《팔도지리지》와 《고려사》가 대표적이에요. 당시에는 책을 전국적으로 구하고, 중국에 갈 때도 매번 중요한 책을 구입해 왔어요. 그 책들을 분석하고 연구해 풀어 쓴 책이나, 아예 새로운 종류의 책을 펴냈지요. 워낙 많은 책을 만드는 바람에 종이의 재료인 대나무를 집중적으로 기르기도 했어요. 덕분에 인쇄술도 더욱 발전했지요.

어떤 학사들은 중국 책을 고쳐 쓰고, 또 다른 학사들은 다음 사신단 파견에 필요한 외교 문서를 준비하느라 오늘도 바빠 보여. 저 멀리 엄청난 책들을 이고 지고 다가오는 학사들도 보이고 말이야. 이런 많은 업적이 쌓여 500년을 이어 갈 조선의 기틀이 마련된 거였어.

날이 저물어 가고 있어. 집현전 안의 등불이 하나둘씩 켜지는군. 다른 관리들이 다 돌아가고 없는 지금, 집현전만 여전히 바빠 보여. 우리는 충분히 구경했으니 이제 나가 봐야겠어.

다시 근정문을 지나 광화문 밖이야. 어라? 분명히 600여 년 전 궁궐에서 빠져나왔는데 눈앞에 자동차로 가득 찬 널따란 도로와 양 옆의 높다란 건물들이 기세를 뽐내고 있어. 이 나라에서 가장 유명한 이 도로의 이름이 바로 세종로야. 광화문 앞 세종로에는 누구나 와서 쉴 수 있는 커다란 광장이 있지.

사람들이 오가는 저 광장 한가운데에 경복궁을 등지고 앉아 있는 커다란 동상이 눈에 띄네. 다가가 볼까? 오, 바로 세종 대왕 상이야. 인자하게 앉아 있는 대왕의 모습을 지나가는 사람마다 한 번씩 올려다보고 있어. 오래전 그분이 우리에게 무엇을 남겼는지 다들 생각하는 것 같아.

이쯤에서 오늘의 경복궁 관람을 마쳐야겠어. 내일도 바쁠 예정이야. 경복궁과 함께 양대 궁궐인 창덕궁을 가 봐야 하거든. 집현전이 해산된 지 약 300년이 흐른 뒤, 조선의 문예를 다시 꽃피우게 한 곳이 있대. 조선 후기 최고 두뇌 집단이 모여 나랏일을 도모했던 규장각, 그곳의 모습을 직접 봐야겠어. 임금으로 치면 세종 못지않은 정조가 있고, 신하들로 치면 집현전 학사 못지않은 규장각 각신들이 있다지, 아마? 그들이 누구고, 어떤 일을 했는지 궁금한 사람은 내일 다시 모이도록 해. 이만 해산!

도판 제공
김학수, 〈집현전 학사도〉, 세종대왕기념사업회(14쪽)
장우성, 〈집현전 학사도〉, 이천시립월전미술관(16쪽)

조선의 싱크 탱크
조선 최고의 두뇌가 모였다!
여기는 집현전

1판 1쇄 2022년 7월 15일
1판 2쇄 2023년 11월 13일

글 | 손주현
그림 | 이해정

펴낸이 | 류종필
편집 | 박병익
경영지원 | 김유리

책임편집 | 장이린
디자인 | Studio Marzan 김성미

펴낸곳 | (주)도서출판 책과함께
      주소 (04022) 서울시 마포구 동교로 70 소와소빌딩 2층
      전화 (02) 335-1982
      팩스 (02) 335-1316
      전자우편 prpub@daum.net
      블로그 blog.naver.com/prpub
      등록 2003년 4월 3일 제2003-000392호

이 책의 저작권은 지은이 손주현과 그린이 이해정, (주)도서출판 책과함께에 있습니다.
이 책의 내용을 이용하려면 저작권자와 출판사에게 모두 서면동의를 받아야 합니다.
잘못된 책은 구입하신 서점에서 바꾸어 드립니다.

ISBN 979-11-91432-69-5 74910
ISBN 979-11-91432-70-1 (세트)